어린이를 위한
슬기로운 미디어 생활

어린이를 위한 슬기로운 미디어 생활

글 권혜령 김광희 송여주 오은영 이경혁 최은옥 홍완선 그림 이희은

우리학교

들어가는 말

　지금 여러분에게 "토요일에도 학교 갔던 때가 있었어."라고 말한다면 어떤 반응일까요? "헉! 언제?"라면서 깜짝 놀라겠지요? 2006년부터 둘째 주, 넷째 주 토요일을 '놀토'라고 부르며 학교에 가지 않았고, 2012년부터는 토요일에 아예 학교에 가지 않았답니다.

　마찬가지로 "스마트폰이 없고 인터넷이 안 되던 때가 있었어."라고 말하면 놀라겠지요? 여러분이 태어날 때쯤인 2007년에 아이폰이 개발된 뒤, 우리나라에서는 2009년부터 실제로 판매되었으니, 스마트폰을 우리 손에 쥔 건 10년이 조금 넘었어요. 인터넷이 대중화된 것은 1990년대 후반이고요. 여러분은 몇 살 때 스마트폰을 쓰기 시작했나요? 스마트폰으로 무엇을 제일 많이 하나요?

　우리는 스마트폰을 통해 SNS, 유튜브, 게임, 광고, 영화, 뉴스 등을 즐기며 메시지를 주고받아요. 말이나 글뿐만 아니라 영상과 소리가 모두 어우러지며 의미를 만들어 내지요. 스마트폰과 텔레비전, 인터넷과 같이 사람과 사람 사이에 정보나 메시지를 전하는 것을 '미디어'라고 해요.

　여러분이 다양한 미디어를 제대로 알고 즐기고 만들어 가길 바라

는 마음으로 이 책을 썼어요. 미디어를 비판적으로 읽고 쓰는 능력인 '미디어 리터러시'를 키우길 바라는 마음도 담았지요. 스마트폰을 포함한 미디어는 다른 사람들과 의사소통을 하는 중요한 수단이 되었어요. 유튜브나 초록 검색창을 찾아보며 정보와 지식을 얻을 수도 있지요. 웹툰이나 영화, 드라마 같은 이야기가 담긴 영상과 이미지를 즐기기도 해요. 요즘은 유튜브에서 직접 1인 방송을 하는 초등학생들도 많아졌어요. 우리의 일상에서 미디어가 많은 부분을 차지하는 만큼, 여러분이 미디어에 어떻게 접근하면 좋은지 이야기하고 싶었답니다. 스마트폰과 같은 디지털 미디어를 더욱 잘 쓸 수 있도록 안내하려 해요.

미디어는 제작하는 사람의 의도에 따라 편집된다는 게 큰 특징이에요. 셀카를 찍어서 프로필 사진으로 올릴 때 가장 마음에 드는 사진을 고르듯이, 미디어에서 만드는 모든 콘텐츠는 제작자에 의해 가장 보기 좋게 편집된답니다. 그러다 보니 편집 기술에 따라 거짓을 진짜처럼 보이게 할 수도 있어요. 우리는 미디어를 보면서 무엇이 선택되고 빠졌는지를 살펴보며, 어떤 의도로 그것을 만들었는지 생각해 봐야 해요. 또 미디어가 어떤 방식으로 의미를 전달하는지, 그 소통 방식도 살펴봐야 하지요.

이 책은 『슬기로운 미디어 생활』이라는 청소년 독자를 위한 책을 어린이 여러분을 위해 쉽고 재밌게 다시 쓴 거예요. 뉴스에서 시작해 광고, 영화, 웹툰, 게임, 인터넷, SNS, 유튜브를 다루고 있어요. 인터넷과 소셜 미디어 등 여러분이 친숙하게 접하는 새로운 디지털 미디어에서부터 광고나 영화 같은 전통적인 미디어까지 담았어요. 8가지 미디어를 살펴보면서, 각 미디어가 작동하는 방식과 우리에게 말을 건네는 소통 방식을 알 수 있답니다. 사람들이 각각의 미디어를 어떻게 사용하고 있는지도 말이에요. 그리고 각 미디어에 대해 이해하고 생각을 나누는 활동을 덧붙였어요. 혼자 또는 친구들과 활동을 해 보면서 미디어에 대해 더 잘 알아 갔으면 해요. 어떤 장이든 여러분이 마음에 드는 것부터 읽어도 좋아요. 그렇지만 다른 장들도 꼭 읽어 보길 바랍니다.

　현재 70억 명에 이르는 전 세계 인구의 약 40퍼센트에 해당하는 사람들이 스마트폰을 가지고 있고, 인터넷으로 연결되어 있다고 해요. 세계 어디에 있든 스마트폰을 이용해 친구가 될 수 있고, 정보를 공유할 수 있죠. 이러한 디지털 공동체를 건강하게 이용하기 위해 우리가 해야 할 일이 있어요. 스마트폰을 들여다보다가 주변의 소리를 듣지 못하거나 해야 할 일을 놓치면 안 되겠지요. SNS에는 멋진 사진들을 올리지만, 실제 생활이 행복하지 않다면 곤란할 거예요. 우리는 디지털 세상과 아날로그 세상 사이에서 현명하게 균형을 잡을 수 있도록 노력해야 해요. 직접 몸으로 부딪치고 함께 뛰노는 것도 필요하지요. 그래야 디지털 세상의 안과 밖에서 행복할 수

있으니까요. 누구도 디지털 세상에서 다른 사람에게 상처를 주거나 폭력이 일어나는 것을 원하지 않을 거예요. 하지만 한 사람만 노력해서는 행복을 이룰 수 없어요. 우리 모두가 함께 만들어 가는 디지털 세상이니까요. 이 책을 혼자 읽는 것도 좋지만, 친구들과 함께 읽고 고민해 보면 어떨까요? 그래서 지금보다 더욱 건강하고 행복한 디지털 세상이 되었으면 좋겠습니다.

 끝으로 이 책을 만들 수 있도록 제안해 주신 우리학교 홍지연 대표님, 『슬기로운 미디어 생활』을 같이 집필하셨지만 개인적인 사정으로 참여하지 못한 정현선 교수님과 장은주 선생님께 감사드립니다. 또한 학교 안에서 미디어 리터러시 교육을 실천하고자 노력하는 전국미디어리터러시교사협회(KATOM)의 초·중·고 선생님들과 출간의 기쁨을 함께 나누고 싶습니다. 주말과 방학에도 책 작업을 할 수 있도록 배려해 준 가족에게도 감사의 마음을 전합니다.

2020년 1월
저자들을 대표하여 권혜령

차례

들어가는 말 · 4

1 세상을 보는 창, 세상을 바꾸는 힘 **뉴스** · 10

2 시선을 빼앗는 설득 전문가 **광고** · 32

3 카메라는 눈이자 입 **영화** · 52

4 스크롤하면 재미가 올라와요 **웹툰** · 72

5 새로운 미디어의 등장 **게임** · 88

6 나와 세상의 연결고리 **인터넷** · 106

7 어디까지 말하고 어디까지 공유할까 **SNS** · 126

8 영상으로 연결되는 우리 **유튜브** · 146

1
세상을 보는 창,
세상을 바꾸는 힘
뉴스

오늘 학원에서 애들한테 이상한 얘기를 들었다. 북한에서 핵전쟁을 일으킬지도 모른다고 한다. 말도 안 된다고 했더니 오픈 채팅방에 올라온 뉴스를 보여 줬다. '헐, 진짜네! 리얼 핵전쟁이 일어난다고?' 상상만 해도 끔찍한데, 애들은 핵이 터지면 방사능에 위가 녹는다면서 키득거렸다. 쯧, 한심하긴. 농담할 게 따로 있지. 집에 와서 엄마한테 얘기했더니, 가짜 뉴스라면서 걱정하지 말라고 했다. 출처도 있었다고 하니까, 요즘은 가짜 뉴스도 진짜 뉴스랑 똑같이 만든다고 했다. 엥, 그럼 가짜 뉴스랑 진짜 뉴스를 어떻게 구분하지?

#긴급뉴스 #핵전쟁 #실화?

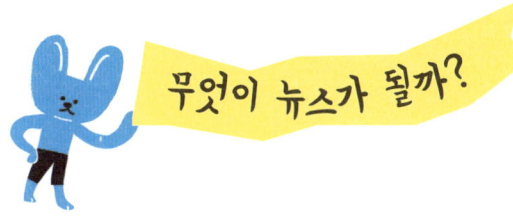

무엇이 뉴스가 될까?

> 배추 한 포기 5,680원… 올해 '숲치' 담겠네 – 세계일보
> 2030 세대를 겨냥한 '목캔디 텐션업' 출시 – 뉴스워커
> 트럼프 "IS 수괴, 미군 공격으로 사망" – MBC 뉴스
> 방탄소년단, 서울에 펼친 나흘간의 'BTS 축제' – 일간스포츠

위의 기사들은 모두 2019년 10월 28일, 하루 동안 보도된 기사들이에요. 다루고 있는 주제와 분야가 다양하지요?

이처럼 뉴스는 우리 주변에서 일어나는 중요한 일들을 다루고 있어요. 그렇다고 해서 모든 일이 뉴스가 되는 건 아니에요. 오늘 아침에 일어나 밥을 먹고 학교에 오고 학원으로 간 나의 일상은 뉴스가 되지 않아요. 그럼 어떤 사건이 뉴스가 되고, 어떤 사건은 뉴스가 되지 않는 걸까요? 뉴스로 보도되는 사건은 몇 가지 특징이 있어요. 물론 그 특징을 모두 갖고 있지 않더라도 뉴스가 될 수 있다는 점을 기억해 주세요.

예를 들어 우리 반 친구가 축구를 하다가 넘어져 다리를 다쳐도, 그 일이 TV 뉴스가 되기는 어려울 거예요. 최근에 우리 가까이에서 일어난 일이지만, 그 친구는 유명한 인물이 아니고 많은 사람의 관심을 끌 수 있는 사건도 아니니까요.

그런데 만약 그 친구가 축구를 하다가 넘어진 이유가 학교 운동장 곳곳에 널려 있던 작은 나무토막 때문이라면 어떨까요? 운동장 공사를 잘못해서 나무토막이 흩어져 있었고, 그것 때문에 많은 아이들이 다쳤다면 이 사건은 뉴스가 될 수 있어요. 많은 사람의 관심을 끌 수 있고, '어린이들이 생활하는 공간에서는 안전에 더 신경을 써야 한다'는 중요한 정보를 담고 있으니까요.

뉴스가 우리 앞으로 오기까지

뉴스는 언론사에서 만들어져요. 언론사는 우리 주변에서 일어나는 여러 가지 일을 취재해서 기사로 작성하고, 때로는 의견을 덧붙여서 뉴스로 내보내는 일을 해요. 신문사나 잡지사, 지상파 방송, 'YTN'과 같은 뉴스 전문 방송국뿐만 아니라 '연합뉴스'처럼 다른 언론사에 뉴스 정보를 제공하는 통신사도 모두 언론사라고 할 수 있어요.

뉴스는 우리 사회에서 일어나는 중요한 일을 보도하기 때문에, 여러 언론사에서 동시에 비슷한 문제를 다룰 때가 많아요. 예를 들어 태풍이 한반도에 상륙한다는 예보가 나오면, 많은 뉴스에서 태풍에 관한 소식을 전하지요. 하지만 같은 사건이라고 해도 모든 언론사에서 똑같은 순서로 뉴스를 내보내지는 않아요.

얼마 전에 우연히 태풍과 국회 청문회가 동시에 화제가 된 날이 있었어요. 태풍과 청문회는 둘 다 중요한 뉴스 소재예요. 그런데 A 언론에서는 청문회 소식을, B 언론에서는 태풍 소식을 각각 더 자세히 보도했어요. 왜 이런 차이가 생기는 것일까요? 그 이유를 알려면 먼저 뉴스가 만들어지는 과정을 알아야 해요. 오른쪽에 그림으로 정리한 '뉴스가 만들어지는 과정'을 한번 살펴볼까요?

결국 A 언론사에서는 청문회가, B 언론사에서는 태풍이 더 중요한 뉴스라고 판단한 거예요. 이렇듯 뉴스에는 언론사의 판단이나 관점이 들어가 있어요. 세상에 일어나는 수많은 사건 중에서 뉴스거리를 고르는 것부터 시작해 같은 사건을 바라보는 시선과 해결하는 방법을 찾기까지, 언론사마다 관점이 다르답니다.

그런데 간혹 우리가 꼭 알아야 할 일인데도 언론사가 뉴스로 선택하지 않는 경우가 있어요. '5.18 민주화 운동'이 대표적인 경우예요. 1980년 5월 광주에서는 수많은 시민과 학생이 죽거나 다쳤어요. 하지만 다른 지역에 살던 사람들은 광주에서 무슨 일이 벌어지고 있는지 전혀 알지 못했어요. 뉴스에서 다루지 않았기 때문이에요. 며칠이 지난 뒤에야 뉴스가 나왔지만, 그마저도 사실을 제대로 보도하지 않았답니다.

물론 그때는 언론의 힘이 약하던 시기였어요. 당시 군인이었던 전두환 전 대통령이 힘으로 정권을 빼앗아 정부와 언론을 총칼로 위협하던 때였으니까요. 하지만 사람들은 이런 사실조차 알지 못했어요. 모든 언론이 침묵했기 때문이에요. 만약 뉴스를 통해 사실이 알려졌더라면, 과연 전두환이 대통령이라는 자리에 오를 수 있었을까요?

때로 뉴스는 역사를 바꿀 만큼 힘이 세요. 그러니 어떤 상황에서도 사실을 빠르고 정확하게 전달해야 할 의무가 있어요. 그러려면 어떤 뉴스를 내보낼지 결정하는 과정에서부터 올바른 선택을 해야 한답니다.

인터넷 뉴스 시대, '클릭'하면 돈이 된다고?

여러분은 주로 어떤 방법으로 뉴스를 보나요? 인터넷 환경이 발달한 우리나라는 PC나 스마트폰으로 뉴스를 보는 사람들이 많아요. 네이버나 다음 같은 포털 사이트의 첫 화면은 다양한 뉴스와 정보로 가득하지요. 이 뉴스들을 '포털 뉴스'라고 해요.

인터넷이 등장하면서 뉴스를 만드는 속도가 빨라졌고, 이제 독자들은 단순히 뉴스를 읽는 것에서 더 나아가 직접 자신의 의견을 표현하기도 해요. 포털 뉴스를 중심으로 한 인터넷 뉴스는 우리가 원하는 시간에 원하는 장소에서 볼 수 있다는 장점이 있어요. 또 관심 있는 기사를 본 뒤에 댓글로 자신의 의견을 적극적으로 드러낼 수도 있지요.

2015년 1월 새벽, 충북 청주시에서 한 남자가 차에 치이는 사고가 났어요. 사람들은 이 사건을 '크림빵 아빠 사건'이라고 불렀고, '네티즌 수사대'를 꾸려 달아난 운전자를 잡기로 의견을 모았어요. 사건이 화제가 되자 사람들의 큰 관심이 쏠렸고, 결국 도망갔던 범인은 20여 일 만에 자수했어요. 뉴스의 소비자들이 힘을 합쳐 사건을 해결한 거예요.

기자가 아닌 시민들이 글과 동영상을 올려 생생한 '자신만의 뉴스'를 만들어서 유통하기도 해요. 또 지면과 방송 시간에 제한이 없는 인터넷이 확대되면서 육하원칙에 따른 기사뿐 아니라 다양한 형식으로 뉴스가 나오고 있어요. 만화, 그림, 음악, 동영상을 활용하는가 하면, 일기나 편지 형식의 뉴스도 볼 수 있지요.

그런데 점점 더 많은 사람이 인터넷으로 뉴스를 보게 되자 부작용도 커졌어요. 대표적인 부작용이 낚시성 제목의 기사들이에요. 낚시성 기사는 자극적이거나 과장된 제목과 본문 내용 사이에 거리가 있는 기사를 뜻해요.

> 美동부 영하 70도 '꽁꽁'… 호주 영상 47도 '펄펄'
>
> — 국민일보, 2018.01.08.

위 기사 제목을 보면 미국에 심각한 한파가 닥친 것만 같지만, 내용을 알고 보면 '체감 온도'가 영하 70도이고 실제 온도는 영하 38도라는 뉴스였답니다.

이렇듯 인터넷을 검색하다 보면 자극적인 말로 사람들의 호기심을 불러일으키는 뉴스 기사 제목들이 많아요. 인터넷에 왜 이런 기사들이 넘쳐 나는 것일까요? 그 이유는 기사 클릭 수가 높아질수록 돈을 버는 구조 때문이에요. 사람들의 호기심을 끌어야 돈을 더 많이 벌 수 있는 것이지요. 뉴스가 정말 이래도 되는 걸까요?
　낚시성 기사들이 수없이 쏟아지자, 최근 카이스트 연구팀에서 '낚시성 기사 판단 프로그램'을 개발하기도 했어요. 기사 제목에 마우스를 올리면 낚시성 확률이 숫자로 표시되어, 사람들이 낚시성 기사를 가려 읽을 수 있도록 도움을 주는 프로그램이랍니다.

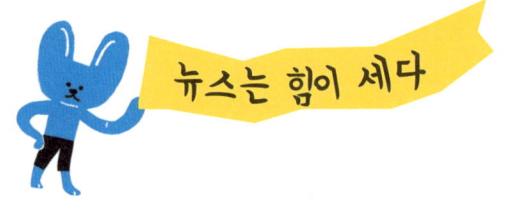

뉴스는 힘이 세다

여러분은 뉴스를 얼마나 믿나요? 뉴스의 힘은 빠르고 정확한 정보에서 나와요. 정보가 정확할수록 더 많은 사람이 뉴스를 믿을 테고, 뉴스를 믿는 사람의 수가 늘어날수록 뉴스의 힘은 더 커질 테니까요.

"아는 것이 힘이다."라는 말을 들어 보았죠? 오늘날에는 "아는 것이 돈이다."라고 할 수도 있어요. 미디어를 통해 전달되는 뉴스들은 크고 작은 정보를 담고 있어요. 그 정보가 잘못되었거나 정보를 빠르게 접하지 못하면 손해를 볼 가능성이 커져요. 예를 들어 이번 주말에 강도가 높은 태풍이 우리나라로 닥친다는 뉴스가 보도되었다면, 이 소식을 모르고 주말에 외출했다가는 불편해지거나 위험에 처할 가능성이 크겠지요?

그런데 뉴스가 언제나 진실이 담긴 정보만 전달하는 것은 아니에요. 토론에서 한 가지 쟁점을 두고 찬성과 반대가 나뉘는 것처럼, 뉴스도 만드는 사람들이 어떤 선택을 하느냐에 따라 내용이 달라질 수 있답니다.

그 차이를 확실히 알기 위해, 다음 두 기사를 읽어 볼까요?

시장조사 전문 기업 엠브레인 트렌드모니터가 전국 만 19~59세 성인 남녀 1,000명을 대상으로 '노 키즈 존' 관련 설문 조사를 한 결과 10명 중 6명(66.1퍼센트)은 '노 키즈 존'에 찬성한다고 밝혔다. — 중앙일보, 2019.08.24.

2017년 국가인권위원회(이하 인권위)는 노 키즈 존 운영을 두고 "나이를 이유로 한 합리적인 이유 없는 차별 행위"라고 판단했다. 인권위는 아동이 차별받지 않을 권리가 영업의 자유보다 우선한다고 봤다. 그러면서 아동 전체를 배제하는 것은 차별이며, 자제해야 할 행동을 구체적으로 공지하라는 입장을 내놨다. — 아시아경제, 2019.09.06.

기사를 읽어 보면 첫 번째 기사는 '노 키즈 존'에 찬성하는 입장이고, 두 번째 기사는 반대하는 입장이라는 것을 알 수 있어요.

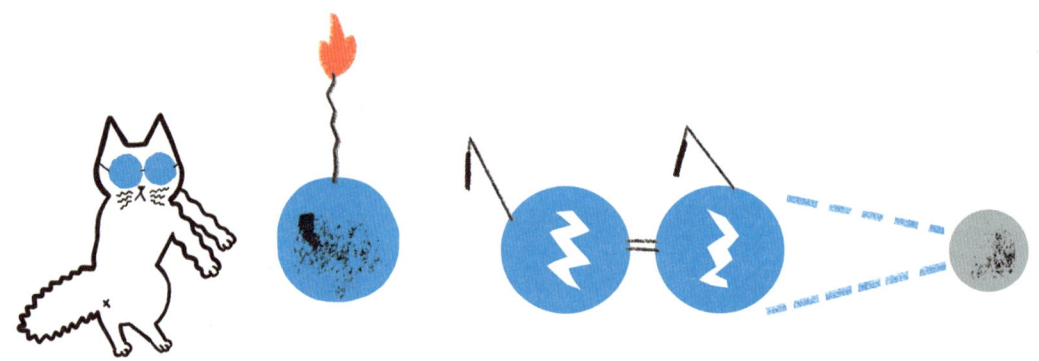

 같은 문제를 다루는데 왜 언론사마다 생각이 다를까요? 그 이유는 바로 뉴스가 가진 힘 때문이에요.

 이때 뉴스가 어떤 관점에서 만들어졌는지가 중요해요. 파란색 안경을 쓰고 세상을 바라보면 세상이 모두 파란색으로 보이겠죠? 뉴스의 관점이란 우리가 무슨 색 안경을 끼고 세상을 보는지와 비슷해요. 붕어빵 반죽을 둥근 틀에 넣고 누르면 둥근 모양이 나오는 것과 같은 맥락이지요. 그래서 뉴스의 관점을 영어로 '틀'이라는 뜻인 '프레임'이라고 부른답니다.

 뉴스에서 다루는 정보는 사람들에게 큰 영향을 미치기 때문에, 뉴스를 선정하는 과정에서 대기업이나 권력 기관, 시민 단체의 요구가 반영되기도 해요. 예를 들어 어떤 분식집에서 식품 관리에 문제가 있다는 기사가 나온다면, 관련된 식품 회사가 곤란한 상황이 되겠죠? 광고주와 언론사는 악어와 악어새같이 서로의 이익이 맞물리는 관계랍니다. 그래서 광고주에게 피해를 줄 수 있는 기사

가 나가지 못하도록 언론사에서 힘을 쓸 수도 있어요.

　우리가 뉴스를 대할 때 그 뒤에 숨은 힘은 없는지, 있다면 어떤 것인지 생각해야 하는 이유가 여기에 있어요. 뉴스에서 전하는 내용을 그냥 받아들이지 않고, 감추거나 강조하려는 게 무엇인지 곰곰이 생각하면서 뉴스를 본다면, 우리에게 정말 필요한 뉴스와 쓸모없는 뉴스를 가릴 수 있을 거예요. 그리고 뉴스를 통해 세상을 좀 더 바로 볼 수도 있어요.

가짜 뉴스의 시대

　가짜 뉴스란 '뉴스의 형식으로 퍼뜨린 거짓 정보'를 말해요. 사실 속에 의도적으로 잘못된 정보를 끼워 넣어서 퍼뜨리는 것이지요. 그런데 SNS가 발달하며 뉴스가 너무 쉽게 세상에 퍼지면서 가짜 뉴스가 전 세계적으로 문제가 되고 있어요. 우리나라에서도 2017년 대통령 선거를 앞두고 SNS를 통해 상대 후보를 비방하는 가짜 뉴스가 퍼진 적이 있어요. 그 뉴스에서 하지 않은 인터뷰를 인용하거나, 실제로 일어나지 않은 일을 다루어 사회적으로 문제가 됐었지요. 또한 2020년 코로나바이러스가 전 세계로 전파되는 심각한 상황 속에서, 가짜 뉴스가 퍼져 사회에 혼란을 일으키기도 했어요. 따뜻한 물을 많이 마시면 바이러스 감염을 예방할 수 있다거나, 마스크를 전자레인지에 30초 동안 돌리면 재사용이 가능하다는 등 감염병과 관련된 가짜 뉴스가 순식간에 번져 나간 거예요. 모두 신빙성이 없다고 밝혀지긴 했지만, 가짜 뉴스들은 여전히 우리의 눈을 가리고 있답니다.

　어느 학교에서 일어난 다음 사례를 읽어 볼까요?

수혁   민정아, 너 그거 알아? 현수가 영은이 좋아한대.

민정   정말? (잠시 뒤) 예솔아, 너 알아? 현수랑 영은이 사귄대.

예솔   애들아, 현수가 영은이 남자 친구 된 지 100일이 됐대. 세상에! 지난번에 영은이는 남친 없다고 거짓말한 거네?

영은   (지나가던 길에) 내 남자 친구? 나도 모르는 내 남자 친구가 있었어?

    이처럼 친구들 사이에서 장난이나 재미로, 아니면 우연히 사실이 아닌 정보가 퍼지기도 해요. 그런데 사회적으로 문제가 되는 가짜 뉴스는 자기들의 이익을 위해 다른 사람들을 속이는 일이에요. 거짓말이 뉴스로 포장되면 우리가 중요한 결정을 내릴 때 좋지 않은 영향을 미칠 수 있어요. 그러니 우리 모두 가짜 뉴스에 흔들리지 않도록 기준을 가지고 있어야 해요.

    그렇다면 가짜 뉴스인지 아닌지는 어떻게 알 수 있을까요? 뉴스에는 기본적으로 출처가 분명하게 드러나 있어요. 그러니 뉴스를 볼 때 신문사, 유튜브 채널, SNS 등 뉴스를 제공하는 매체가 믿을 만한 곳인지 살펴보고, 확인하기 어려운 정보는 일단 의심을 해 봐야 해요. 사실이 아닌 것 같다면 절대로 다른 사람들과 공유해서는 안 되고요.

우리는 언제든 가짜 정보를 진짜처럼 만들어 낼 수 있는 세상에 살고 있어요. 때로는 가짜가 더 진짜 같아 보일 때도 있지요. 하지만 그럴듯해 보인다고 해서 가짜가 진짜가 될 수는 없어요. 학교에 돌던 헛소문이 사실로 밝혀진다 해도, 이미 오해받은 친구는 마음의 상처를 크게 입었겠지요. 마찬가지로 가짜 뉴스가 한번 퍼지면 세상에 끼치는 피해는 헤아릴 수 없이 커진답니다. 그러므로 뉴스를 받아들이기 전에 사실인지 꼼꼼히 따져 봐야 해요. 나쁜 뉴스를 거르는 것뿐 아니라, 무엇을 믿어야 할지 잘 판단해야 한다는 것이지요.

앞에서 말한 대로 힘이 센 뉴스는 세상을 바꾸는 힘이 되기도 해요. 진실은 99개의 얼굴을 가졌다[1]는 말이 있어요. 다른 사람의 관점이 들어간 뉴스를 그대로 바라만 보는 것에서 벗어나, 다양한 자료를 찾아 가며 스스로 진실을 발견하려는 노력을 함께해 보면 어떨까요? 우리 모두 뉴스를 통해 세상을 바라볼 수 있고, 더 나은 세상으로 변화시킬 수도 있답니다.

더 생각해 보기

우리가 하루에 접하는 뉴스의 양은 얼마나 될까요? 스마트폰이나 텔레비전, 인터넷을 켜거나 신문을 펼치면 수많은 뉴스가 쏟아져 나와요. 하지만 세상의 모든 일이 뉴스로 만들어지는 것은 아니랍니다. 어떤 일들이 뉴스가 되는지, 진짜 뉴스를 어떻게 가려내는지 직접 알아볼까요?

1. 이번 한 학기를 돌아보며 나에게 일어난 일을 떠올려 다음 그림에 적어 보세요.

✏️ 이 중에서 '우리 반 뉴스'를 만든다면 무엇이 어울릴까요? 뉴스로 만들면 좋을 것 같은 주제에 동그라미를 쳐 보세요.

2. 최근에 읽거나 본 뉴스를 떠올리고, 그 뉴스를 어디서 보았는지 적어 보세요.

예) 유튜브 추천 영상으로 떠서 뉴스를 봤어요.

_____

✏️ 추천하고 싶은 뉴스의 제목은 무엇인가요?

_____

✏️ 추천하고 싶은 이유는 무엇인가요?

_____

✏️ 모둠 친구들에게 뉴스를 추천받아 보고, 관심 있게 본 뉴스와 그 이유를 적어 보세요.

♥ 제일 관심이 간 뉴스

_____

♥ 그 이유

_____

3. 다음은 뉴스가 사실인지 확인하는 절차예요. 내용을 읽고 기사가 사실인지 확인해 보세요.

☆ 사실 확인 절차

① 사진이나 기사 내용의 출처가 정확한지, 작성자가 믿을 만한지 확인합니다.

② 뉴스의 내용이 사실인지 살핍니다.

③ 오래된 뉴스를 재가공한 것은 아닌지 확인합니다.

④ 뉴스에 첨부된 사진이나 글, 동영상, 음성이 거짓으로 합성된 것은 아닌지 살핍니다.

☆ 기사(예시)

> 유튜브에 불법적인 허위 광고들이 쏟아져 나와, 대한민국 정부는 2019년 6월 유튜브 측에 허위 사실 뉴스를 내려 달라고 요청했다고 합니다. 유튜브는 한국 유튜브 시장이 작아 신경 쓰지 않고 거절할 전망입니다. 대한민국 정부는 유튜브를 2019년 6월부터 임시로 차단하겠다고 밝혔습니다.

✏️ 1~4단계로 확인한 결과, 이 뉴스는 (사실입니다. / 사실이 아닙니다.)

왜냐하면,

2
시선을 빼앗는
설득 전문가
광고

수업을 마치고 나오는데, 학교 앞에서 학원 광고지를 나눠 줬다. 가져가 봐야 쓰레기통으로 들어갈 게 뻔해서 그냥 버렸다. 다른 애들도 나랑 비슷한 생각인지 길거리에 버려진 광고지가 널려 있었다. 종이 낭비를 하는 것 같아 괜히 아까웠다. 그래도 세상에서 광고가 사라지면 아쉬울 것 같다. 재밌는 광고도 많으니까. 내 동생은 '요기요' 광고만 나오면 따라서 춤을 춘다. 내가 봐도 춤이랑 노래가 웃기긴 하다. 그 광고를 보고 치킨이나 피자를 시켜 먹을 때도 많으니, 광고를 안 하면 최애 간식을 먹을 기회도 줄어들겠지? 그러고 보면 광고는 필요한 것도 같다. ㅋㅋ

#광고가사라진다면 #심심하겠지 #오늘은치킨이다

튀어야 산다? 기상천외한 광고의 세계

　영국 대영 박물관에는 기원전 10세기경에 테베 유적지에서 발굴된 파피루스 문서 한 장이 있어요. 거기에는 도망친 노예를 찾아 주면 사례하겠다는 내용이 적혀 있는데, 이 문서가 바로 인류 최초의 광고라고 해요. 신문과 잡지에서 시작된 오늘날의 광고는 라디오와 텔레비전에 주로 나오며, 요즘은 스마트폰이나 인터넷 게임에도 등장하지요. 2018년에 모바일은 광고비 집계 사상 처음으로 2조 원을 돌파하면서 점유율 1위(19.9퍼센트)를 차지했고, PC 광고비가 지상파 텔레비전 광고비를 앞서기 시작했어요.[2]

　광고는 '세상에 널리 알린다'는 뜻을 지니고 있어요. 팔고 싶은 물건이나 메시지를 세상에 널리 전하는 일이 광고인 셈이지요. 그런데 기술의 발달로 제품이 대량 생산되면서 광고가 점점 많아지자 평범한 광고로는 더 이상 사람들의 눈길을 끌지 못하게 되었어요. 사람들이 '저건 꼭 사야 해!'라고 생각하도록 광고 제품의 특별함을 강조하는 게 중요해졌지요.

소파 위에 앉아 있던 고양이가 갑자기 호랑이만큼 커지는 휴대 전화 광고를 본 적이 있나요? 유명 방송인이 오두방정을 떨며 춤을 추는 비타민 음료 광고는요? 광고가 이렇게 호기심을 자극하거나 웃긴 장면으로 우리의 시선을 끄는 것은, 튀어야 살아남는 광고의 특성 때문이에요. 예상하지 못했던 장면으로 사람들의 눈길을 끌어야 상품에 관심을 기울이게 할 수 있으니까요. 결국, 광고의 목적은 우리가 상품을 구매하도록 설득하고 유혹하는 데 있답니다.

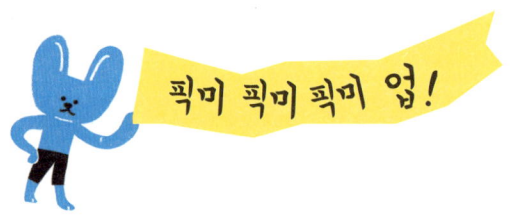

픽미 픽미 픽미 업!

광고는 크게 상품 광고, 기업 광고, 공익 광고로 나눌 수 있어요. 상품 광고는 광고를 보는 사람이 그 상품을 사도록 만드는 데 목적이 있고, 기업 광고는 광고에 등장하는 기업의 이미지를 좋게 만드는 것이 목적이에요. 그리고 에너지 절약이나 금연 광고 같은 공익 광고는 사람들이 광고에서 의도한 대로 생각하거나 행동하기를 바라지요.

    광고는 사회 환경에 따라 성격이 변한답니다. 과거에는 제품의 기능이나 품질을 강조했어요. 하지만 제품의 품질이 대부분 좋은 요즘에는 제품이 얼마나 쓸모 있는지보다 브랜드나 상품 자체를 강조하기 위해 더 노력해요. 상품에 꿈, 행복, 자유와 같은 의미

를 넣어서 브랜드의 긍정적인 이미지를 소비자들에게 심어 주는 식으로요.

　스포츠 브랜드 '나이키'를 예로 들어 볼까요? 나이키는 그동안 유명 축구 선수들을 비롯한 여러 운동선수가 땀 흘리며 역동적으로 뛰는 멋진 모습을 광고에 담아 왔답니다. 광고의 마지막에는 열정을 북돋우며 도전해 보라는 메시지를 외쳤고요. 최근에는 여성 선수들이 광고에 자주 등장해요. 세계적인 여성 선수들이 덩크 슛을 하거나 히잡을 쓴 채 경기에 참여하는 모습을 보여 주는 거예요. 광고의 마지막에는 열정을 북돋우며 도전해 보라는 메시지를 외쳐요. "너 자신이 되어라." 또는 "당신의 가능성을 믿는다."와 같은 메시지를 말이에요. 단순히 운동화나 운동복만 파는 것이 아니라, 소비자가 '도전 정신'이라는 브랜드 이미지를 사게끔 하는 거예요.

이처럼 광고는 필요한 제품을 소개하는 것을 넘어서, 필요 없는 물건이더라도 사람들이 원하고 또 계속 구매하도록 만들어요. '거기에 가면 새로운 뭔가가 있을 거야.' 혹은 '그건 내 취향에 딱 맞아.'라는 생각이 들도록 우리의 마음을 유혹하는 것이지요. 여러분이나 주변 사람들이 휴대 전화를 바꿀 때를 생각해 보세요. 대부분 가지고 있던 휴대 전화가 고장 나서 새것이 '필요'한 게 아니라, 연예인이 광고하는 최신형 스마트폰을 가지고 싶은 '바람' 때문에 휴대 전화를 바꾸는 것은 아닐까요?

꿈을 파는 광고

방탄소년단, 손흥민, 박나래, 마동석의 공통점은 뭘까요? 맞아요. 모두 요즘 잘 나가는 광고 모델들이에요. 그런데 왜 광고 회사는 비싼 비용을 내고 유명인들을 모델로 쓰는 걸까요?

흔히 광고를 두고 '꿈을 파는 일'이라고 말해요. 평범한 인물을 모델로 내세우는 광고도 있지만, 수많은 광고에서는 여러 사람이 좋아하는 멋진 인물이 행복한 얼굴로 살아가는 꿈 같은 세상을 그린답니다.

2017년에 나왔던 키즈폰 광고를 보면 꿈 같은 세상을 엿볼 수 있어요. 이 광고에서는 초등학교 1학년인 주인공이 등장합니다. 이 친구는 멋진 옷에 나비넥타이를 매고 손목에는 큼지막한 키즈폰을 차고 등장해요. 그러면 반 친구들 모두가 주인공을 반기듯 달려가고, 주인공 앞에서 다양한 포즈를 취하며 키즈폰으로 사진을 찍어 주길 바라지요. 또 학교가 끝나고 나서는 엄마에게 "조금만 더 놀다 갈게요."라는 메시지를 보내는데, 엄마는 드레스를 입은 채 웃으면서 허락하지요. 그리고 친구들이 주인공을 부러워하면서 광고가 끝나요.[3]

광고 속 주인공의 일상은 너무나도 평화롭고 행복해 보여요. 친구들과 다툼도 없고 공부에 대한 스트레스도, 부모님과의 갈등도 없으니까요. 모든 친구가 주인공을 좋아하고, 부모님도 주인공의 말을 들어주고요. 정말로 꿈만 같은 나날이에요. 하지만 광고에서 정말로 강조하려는 것은 바로 '키즈폰'이에요. 광고 속 주인공처럼 키즈폰을 쓰면 행복할 수 있다고 말하고 싶은 거랍니다.

물론 광고 속 이야기와 현실은 달라요. 광고에 나오는 키즈폰을 갖는다고 해서 그 주인공처럼 살 수는 없다는 걸 우리는 이미 알고 있어요. 그런데도 광고는 달콤한 이미지로 사람들을 끊임없이 유혹해서 굳이 필요 없는 물건을 구매하도록 만들어요. 그렇다면 광고는 나쁜 것일까요? 꼭 그런 것은 아니에요.

모든 일에 빛과 그림자가 있듯, 광고 역시 마찬가지예요. 광고를 만드는 사람들은 광고가 우리에게 바른 정보와 선택권을 준다고 말해요. 사실 우리는 무언가를 사야만 생활이 가능한 소비 사회에 살고 있어요. 만약 광고가 없다면 엄청나게 많은 제품 가운데 내 마음에 드는 물건을 빠르게, 제대로 선택할 수 있을까요?

한편, 광고는 우리가 살아가는 사회의 모습을 거울처럼 비추기도 해요. 광고를 보면 그 시대 사람들의 생활을 세세하게 알 수 있거든요. 예를 들어 1950년대 신문 광고를 보면, 약이나 영양제 같은 질병과 관련된 제품 광고가 유난히 많아

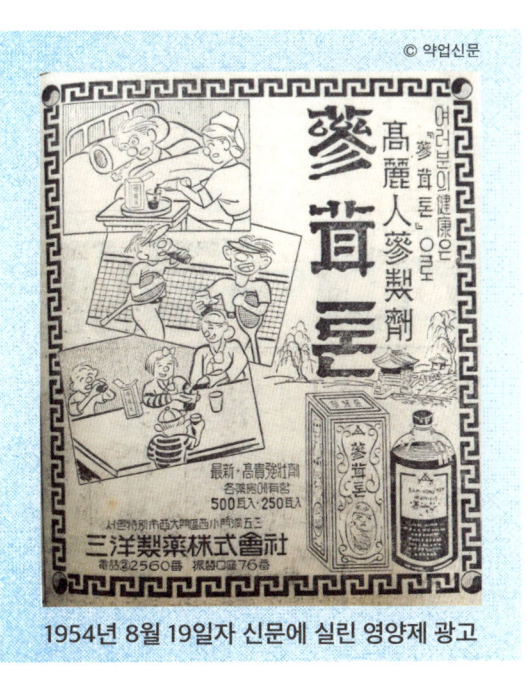

1954년 8월 19일자 신문에 실린 영양제 광고

요. 광고를 통해서 그 시기가 전쟁과 가난 때문에 질병이나 영양 부족에 시달렸던 시대라는 사실을 짐작할 수 있지요. 또, 잘 만들어진 광고는 한 편의 예술 작품 같아요. 영화보다 뛰어난 영상미를 보여 주는 광고가 있는가 하면, 감동적인 메시지를 전해서 사람들의 마음을 움직이기도 한답니다.

설득의 화법을 읽어라

광고는 끊임없이 우리에게 말을 걸어요. 상품을 팔기 위해, 메시지를 전하기 위해 다양한 방법으로 사람들을 자극해서 관심을 이끌고 설득하지요. 광고의 홍수 속에서 길을 잃지 않으려면 누가, 무엇을 위해 광고를 만들었는지 분명하게 알아야 해요. 그래야 광고에 휘둘리지 않는 현명한 소비자가 될 수 있으니까요. 광고가 사람들의 마음을 파고들기 위해 사용하는 대표적인 전략을 제대로 알면 더욱 현명해질 수 있겠죠?

 첫째, 유명인을 닮고 싶은 사람들의 마음을 충동질하는 방법이 있어요. 연예인이나 스포츠 선수들이 큰 인기를 얻으면 광고 시장을 독차지하다시피 하지요. 인기가 많다는 것은 그만큼 많은 사람이 좋아하고 관심이 있다는 뜻이에요. 예전에는 텔레비전에 나오는 가수나 배우 같은 유명인의 영향력이 컸지만, 지금은 유튜버나 SNS 유명인들의 영향력이 커졌어요. 그 사람들을 영향력 있는 사람이라는 뜻에서 '인플루언서'라고 부르기도 해요. 먹방이나 음악, 화장, 게임 등을 주제로 한 인

기 있는 유튜버들의 영상을 보면서 그들이 먹는 음식이나 쓰는 물건을 소비하는 것이 요즘 추세예요. 인플루언서들이 추천하는 제품은 당연히 좋다고 생각하고, 그 제품을 사용하면 그들과 비슷한 삶을 사는 것처럼 느끼기도 하지요. 여기에는 그 제품을 소비하면 여러분도 그 유명인처럼 살 수 있다는 설득의 말재주가 숨어 있어요. 결국, 유명인을 닮고 싶은 사람들의 심리를 이용하여 물건을 사도록 만드는 것이지요.

둘째, 돋보이고 싶은 욕구를 부추기는 방법도 있어요. SNS에서 '좋아요' 숫자가 늘어나거나 댓글과 팔로워 수가 늘면 행복해하는 사람들이 많아요. 상대방이 나를 알아봐 주고 인정해 주는 것 같은 기분을 느끼는 것이지요. 그들이 SNS에 무엇을 먹었는지, 어디에서 무엇을 했는지 알리는 사진과 글을 올리면, 그것이 자연스럽게 상품이나 장소에 대한 광고가 되기도 해요. 또 SNS에 뜨는 광고들이 자연스럽게 우리의 일상을 파고들기도 한답니다. SNS 광고는 결국 남들이 하면 나도 하고 싶고, 남들보다 혹은 남들처럼 멋진 삶을 살고 있다고 보여 주기 위해 더 많이 소비하려는 심리를 이용하는 거예요.

셋째, 소비자의 불안감을 이용해 물건을 파는 것도 꽤 자주 쓰이는 방법이에요. 가장 대표적인 것이 학원 광고와 홈쇼핑이지요.

학원 광고물은 대부분 대학 입시의 어려움을 크게 강조해요. 그러고는 학교 선생님한테서 배울 수 없는 특별한 학습 방법을 가르쳐 준다고 홍보하지요. 그런데 이런 방법은 그 학원에 들어가야만 가르쳐 주기 때문에 어떤 내용인지, 실제로 효과가 있는지 정확히 알 수가 없어요.

홈쇼핑에서는 풍성한 사은품, 어디에서도 찾기 힘든 최저 가격, 제한된 시간을 호들갑스럽게 내세우며 제품 홍보에 열을 올리기도 해요. "자, 이제 시간이 얼마 남지 않았습니다.", "곧 품절입니다, 품절!" 이런 이야기들을 홈쇼핑 방송에서 자주 들어 더 이상 설득될 것 같지 않지만, 쇼 호스트들은 화려한 말재주로 시청자들을 설득해 물건을 사도록 만든답니다.

광고의 나라에서 길을 잃지 않으려면

오늘날 우리는 원하든 원하지 않든 이미 '광고의 나라'에 들어섰어요. 1970년대까지만 해도 한 사람이 하루에 500개 정도의 광고에 노출되었다면, 지금은 그 수가 무려 5,000개에 이르는 정도이지요. 이렇게 수많은 광고에 둘러싸여 있지만, 다른 사람들과 달리 자신은 광고가 유혹하는 대로 순순히 물건을 사들이지는 않는다고 사람들은 생각해요. 하지만 우리는 은연중에 광고의 영향을 받고 있답니다.

   결국 판단의 중심은 우리 자신에게 있어요. 광고에 휘둘려 쓸데없는 물건을 사는 것도 우리이고, 그것을 무시하거나 똑똑하게 파악해서 현명한 소비를 하는 것도 우리 자신인 거죠. 미디어가 빠르게 변화하고 기술이 발달하더라도, 소비자의 마음에 파고들어 물건을 사도록 유혹하고 설득하는 광고의 본모습은 달라지지 않을 거예요. 광고의 유혹에 넘어가서 길을 잃고 결국엔 자신마저 잃어버리는 힘없는 소비자가 되고 싶지 않다면, 광고를 영리하게 읽어 낼 줄 아는 눈을 키우고 소비를 지나치게 부추기는 광고에 저항하는 자세를

갖춰야 해요.

　단순히 갖고 싶은 상품들을 손에 넣으면 삶이 행복해질까요? 행복 지수가 높기로 잘 알려진 나라, 부탄은 물건을 많이 가진다고 해서 행복해지지는 않는다는 사실을 잘 보여 줘요. 자연환경이 잘 보존된 곳에서 평등하고 공정한 사회 경제 발전을 누리며 사는 부탄인들은 '정신적인 만족'을 행복의 기준으로 말한답니다.

　여러분이 먹고 싶은 것, 가지고 싶은 것 등 지금 원하는 것이 과연 진정으로 바라는 것일까요? 광고에 나오는 옷을 입으며 음료를 마시고 광고 속 스마트폰을 들면 광고가 보여 주는 사랑, 행복, 성공이라는 가상의 이미지를 자신도 경험할 수 있을 것만 같을 거예요. 하지만 돈이나 상품으로 인간의 품격과 행복을 살 수 없다는 것은 너무나 분명해요. 광고나 유명한 사람들이 외부에서 부추기는 모습이 아니라, '내가 나일 수 있는' 모습이 무엇인지 스스로에게 끊임없이 질문을 던지면서 자신의 마음을 한번 들여다보면 어떨까요?

광고는 시선을 끌어 알리고 싶은 물건이나 메시지를 다른 사람들에게 전달해요. 짧은 시간 동안 사람들이 오래 기억할 수 있도록, 알리려는 내용이나 대상을 인상적으로 표현한답니다. 우리 주변의 광고를 살펴보면서, 광고에 한 걸음 더 다가가 보세요.

1. 광고를 하나 고른 뒤, 질문에 답해 보세요.

✏️ 다음 중 내가 선택한 광고의 종류에 동그라미를 쳐 보세요.

인터넷	TV	신문	홍보지(전단지)
라디오	잡지(책)	SNS	그 외( )

✏️ 이 광고는 왜 만들었을까요? 광고의 의도를 생각해 써 보세요.

_____

✏️ 내가 이 광고를 고른 이유는 무엇인가요?

_____

✏️ 광고를 다음과 같이 정리해 볼까요?

상품명	광고 제목	공익 광고/상품 광고	구매 대상	광고의 한 줄 평

✏️ 광고의 모델이 어울린다고 생각하나요? 그 이유는 무엇인가요?

_____

✏️ 광고에서 거짓되거나 과장된 부분을 찾아보고, 그렇게 생각한 이유를 써 보세요.

_____

_____

✏️ 광고의 내용을 비판 없이 그대로 믿을 때, 어떤 문제점이 생길 수 있을까요?

_____

_____

2. 광고 카피라이터가 되어 볼까요?

✏️ 어떤 상품이나 주제의 광고를 만들고 싶은지 써 보세요.

✏️ 어떤 특징이나 메시지를 강조하고 싶은가요?

✏️ 상품의 특징을 담은 광고 문구를 만들어 보세요.

> **TIP** 운율을 맞추거나, 비유를 하거나, 대화체로 쓸 수도 있어요.
>
> 예) 세상에서 가장 작은 카페, ○○
> 침대는 가구가 아닙니다. 과학입니다.
> 여러분, 부자 되세요!

✏️ 우리 모둠에서 뽑은 최고의 광고 문구는 무엇인가요?

3
카메라는 눈이자 입
영화

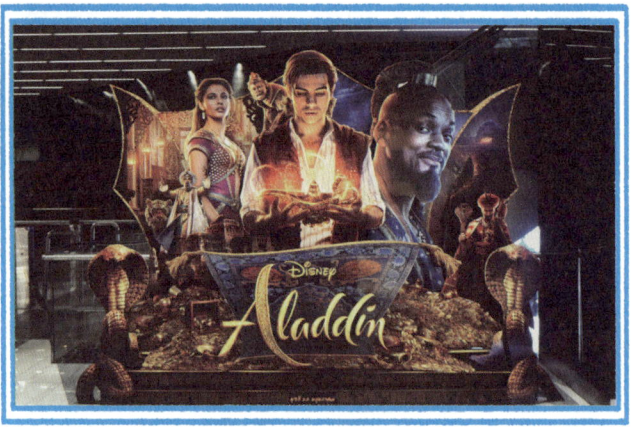

가족들이랑 4D 영화관에서 〈알라딘〉을 보고 왔다. 바람이랑 물이 나올 때 영상이랑 잘 안 맞아서 조금 실망했지만, 그래도 재미있었다. 특히 바다 위에서 양탄자를 타고 나는 장면은 정말 최고였다. 저녁을 먹으면서 아빠가 얘기해 줬는데, 처음 영화가 만들어졌을 때는 관객들이 움직이는 영상만 보고도 놀라서 모두 소리를 질렀다고 한다. 겨우 그 정도에 놀라다니! 영화가 만들어진 지 겨우 100년이 되었다는데, 앞으로 100년 뒤의 세상은 또 얼마나 달라져 있을까? 궁금하기도 하고 조금은 무섭기도 하다. 아! SF 영화를 보면 알 수 있으려나?

#4D영화 #알라딘 #강추

카메라가 보여 주는 영화 속 세상

    1895년에 프랑스의 뤼미에르 형제가 최초로 영화를 상영한 것을 시작으로, 영화의 역사는 100년이 훌쩍 넘었어요. 하지만 여전히 사람들은 영화를 좋아하고 즐기지요. 영화를 찍고 상영하기까지 많은 과정과 장치가 필요한데, 그중에서 가장 중요한 도구는 바로 '카메라'예요. 카메라는 관객에게 이야기를 전달할 뿐 아니라 등장인물의 마음속까지 보여 주기도 해요.

    영화와 연극을 비교해 보면 카메라가 어떤 역할을 하는지 더 잘 알 수 있어요. 연극에서 배우는 객석에 앉아 있는 관객들을 마주하며 무대 위에 서요. 반면에 영화에서는 배우가 카메라 앞에서

연기하지요. 또 연극에서 관객은 배우와 함께 무대 전체를 바라봐요. 그런데 영화를 보는 관객은 카메라가 선택한 장면만 볼 수 있어요. 그래서 영화에서는 카메라가 무엇을 어떻게 찍고 있는지가 아주 중요하답니다.

카메라의 둥근 렌즈에 찍힌 세상은 사각형 화면에 담겨요. 이 사각형 화면을 '사각의 틀' 또는 '프레임'이라고 해요. 프레임 안에 선택된 장면만이 영화에서 의미가 있지요. 여러분이 영화감독이 되어 영화의 한 장면을 찍는다고 상상해 보세요. 여주인공이 예전 남자 친구의 사진을 발견하는 장면을 말이에요. 일단 이 장면을 세 개의 장면으로 나눠 볼까요? 첫 장면은 여주인공이 책에서 떨어진 사진을 발견하는 장면이에요. 카메라는 여주인공과 배경 전체를 담겠지요. 두 번째는 손에 쥔 사진을 보여 주는 장면이에요.

이때 카메라는 사진만 클로즈업해요. 마지막은 여주인공의 감정을 표현하는 장면입니다. 카메라는 여주인공의 얼굴을 클로즈업해서 그리움에 젖은 표정을 담아낼 거예요. 관객은 여주인공과 예전 남자 친

구가 얼마나 사랑했는지는 알 수 없지만, 프레임에 담긴 세 개의 장면을 보면서 현재 여주인공이 예전 남자 친구를 무척 그리워하고 있다는 사실을 알 수 있어요.

　이번에는 여주인공의 그리움보다 과거의 행복한 시간을 강조해 볼까요? 프레임을 바꾸면 됩니다. 여주인공이 책에서 떨어진 사진을 발견한 다음, 두 번째 장면으로 여주인공과 예전 남자 친구가 놀이동산에서 웃고 있는 사진을 클로즈업하는 거예요. 세 번째 장면에서는 여주인공과 예전 남자 친구가 놀이동산에서 즐겁게 노는 과거의 장면을 담는다고 생각해 보세요. 관객들은 여주인공이 남자 친구와 함께 어떤 추억을 쌓았는지 알 수 있어요.

이처럼 카메라 프레임 안으로 들어온 장면을 통해 관객들은 주인공의 마음에 공감하기도 하고, 어떤 사건들이 있었는지 알 수 있답니다.

카메라의 눈

영화에서는 카메라가 어떤 방식으로 찍느냐에 따라 장면의 느낌이 완전히 달라져요. 카메라의 촬영 기법 가운데 대표적인 몇 가지를 한번 살펴보도록 해요.

먼저 '숏'과 '앵글'이라는 촬영 기법이 있어요. 숏은 카메라가 움직이지 않는 상태에서 찍은 한 장면을 말해요. 카메라가 등장인물에 얼마나 가까이 다가갔느냐에 따라 롱 숏, 풀 숏, 미디엄 숏, 클로즈업으로 나뉜답니다.

먼저 가장 멀리서 찍는 롱 숏은 인물보다 배경을 강조하고 싶을 때 사용하는 기법이에요. 등장인물의 머리부터 발끝까지 보이도

롱 숏 / 풀 숏 / 미디엄 숏 / 클로즈업

록 찍는 풀 숏은 인물이 돋보이는 촬영 기법이고요. 또 상반신을 찍는 미디엄 숏은 상대방과 대화하는 듯한 느낌을 주며, TV 뉴스 진행자를 잡을 때 주로 사용하기도 해요. 클로즈업은 인물을 가까이에서 찍기 때문에 찍는 대상을 강조하는 효과가 있어요.

숏이 인물과 카메라 사이의 거리를 다룬다면, 앵글은 인물을 찍는 카메라의 위치나 각도를 말해요. 카메라가 향하는 시선에 따라서 아이 레벨, 하이 앵글, 로 앵글로 나뉘지요. 카메라 렌즈를 대상의 눈높이에 맞추어 촬영하는 것이 아이 레벨(마주 보기), 카메라를 위쪽에 설치해서 대상을 아래로 찍는 것이 하이 앵글(내려 보기), 촬영 대상을 아래에서 올려다보며 찍는 것을 로 앵글(올려 보기)이라고 해요. 이 중에서 가장 일반적으로 사용하는 앵글은 아이 레벨이에요. 아이 레벨로 찍은 장면을 보면 안정감이 든답니다.

그런데 계속 움직이거나 한 프레임 안에 들어가기 어려운 장면은 어떻게 찍어야 할까요? 예를 들어 스키 선수가 달리는 모습을 생생하게 보여 주려면 다른 방법이 필요하겠지요? 카메라를 좌우로 회전하며 찍는 방법, 카메라를 위아래로 수직 이동하며 찍는 방법, 카메라를 직접 손에 들고 뛰거나 바퀴가 달린 이동용 촬영 차를 이용해 달리면서 찍는 방법 등등 다양한 촬영 기법이 있답니다.

최근에는 드론을 이용한 촬영 기법을 많이 사용하고 있어요. 예능 프로그램에서 드론을 이용해 촬영하는 모습을 종종 봤을 거예요. 과거에는 카메라 흔들림을 막으려고 많은 보조 장비들을 사용했지만, 요즘은 드론 하나로 해결할 수 있어 촬영 방법이 간단해지고 훨씬 자유로워졌답니다. 게다가 예전에는 가파른 언덕이나 높은 곳같이 험난한 장소에서 카메라맨이 촬영하다 엄청나게 고생하거나 다치기도 했어요. 요즘은 카메라를 매단 드론을 띄우면 되니 인명 사고의 위험도 많이 줄어들었지요.

착시 현상을 일으키는 카메라 기술

카메라는 사람의 눈과 같은 원리를 이용해 만들어졌어요. 사람의 눈은 작고 멀리 있는 것보다 크고 가까이 있는 것에 더 주의를 기울여요. 또 멈춰 있는 것보다는 움직이는 것에 더 관심이 가지요. 카메라는 이런 원리를 이용해서 한 프레임씩 촬영하고, 이것을 이어 붙여 영상을 만든답니다.

영화 필름에는 1초당 24장의 장면을 담을 수 있어요. 정지된 여러 장의 장면들을 빠르게 돌리면 우리가 아는 동영상이 되는 거예요. 그러니까 우리가 보는 동영상은 하나의 눈속임이라 할 수 있어요. 여러 개의 정지된 장면을 빨리 감아서 움직이는 것처럼 보이게 하니까요. 축구 경기를 예로 들어 볼게요.

　축구 경기에서 골대에 골이 들어가는 순간은 실제로 아주 짧아요. 그런데 텔레비전 화면에는 그 순간 선수들의 근육 움직임과 땀, 환호하는 관중들의 모습이 자세히 나오지요. 또 골이 어떻게, 어느 방향으로 들어가는지를 느린 화면으로 보여 주기도 해요.

사람의 눈으로 볼 수 없었던 모습들을 여러 대의 카메라와 장비를 이용해서 더욱 실감 나게 보여 주는 거예요. 어찌 보면 카메라는 현실보다 더 현실 같은 경험을 사람들에게 선물한다고 할 수 있어요.

영화에는 다양한 촬영 기법이 있어요. 혹시 '몽타주'라는 말을 들어 본 적 있나요? '경찰들이 수사할 때 사용하는 범인의 이미지 사진'이라는 의미로 이 단어를 알고 있는 사람도 있을 거예요. 몽타주는 프랑스어로 '조립한다'는 뜻이에요. 범인의 몽타주도 목격자의 말을 듣고 얼굴의 특징을 조합해서 만든 것이니 같은 맥락이지요. 그런데 영화에서 사용하는 몽타주는 여기에서 더 나아가, 서로 다른 의미가 있는 각각의 이미지가 이어져 또 다른 의미를 만들어 내는 것을 뜻해요.

몽타주 기법이 영화에서 사용된 데는 러시아 영화감독 쿨레쇼프의 역할이 컸어요. 쿨레쇼프는 한 남자 배우의 무표정한 얼굴을 찍은 뒤, 그 장면 앞에 각각 식탁에 놓인 음식, 관 속에 누워 있는 아이, 여인이 나오는 장면을 이어 붙였어요. 그리고 관객들에게 남자의 기분이 어때 보이냐고 물었지요. 그러자 음식 다음에 나온 남자를 본 관객들은 남자가 배고파 보인다고 답했어요. 관 속에 누워 있는 아이 다음에 등장한 남자를 본 관객들은 남자가 슬

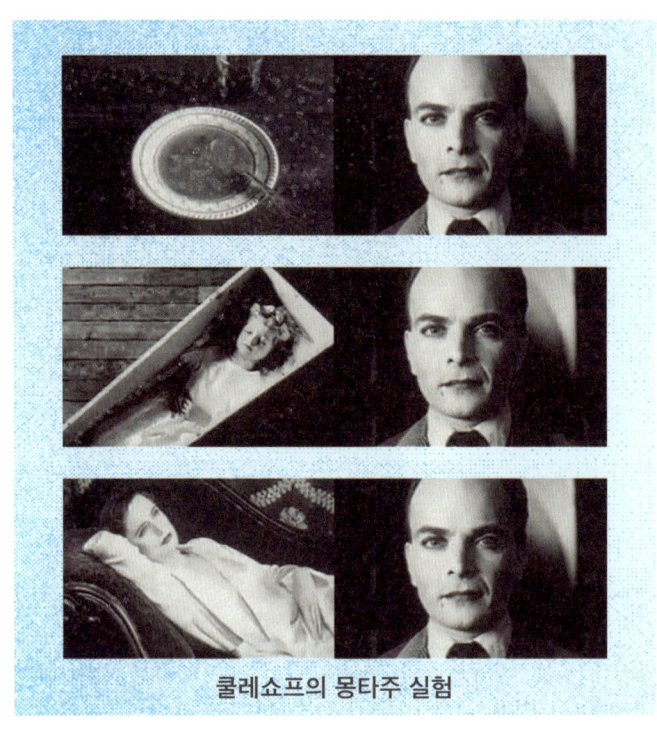

쿨레쇼프의 몽타주 실험

퍼 보인다고 했고요. 또 여인 다음에 나온 남자를 본 관객들은 남자가 기뻐하는 것 같다고 대답했답니다. 쿨레쇼프는 이 실험을 통해 두 개 이상의 장면을 이어 붙이면 각각의 장면이 서로 영향을 준다는 사실을 증명했고, 이것이 바로 몽타주 기법의 시작이었어요.

카메라를 이용한 영화 기술은 더 많아요. 예를 들어 세 사람을 화면 가득히 잡았을 때 첫 번째 사람에게만 초점을 맞추면 어떻게 느껴질까요? 관객들은 자연스레 그 사람에게 더 집중할 거예요. 영화를 본다는 것은 이런 식으로 카메라의 시선을 따라가는 것이랍니다.

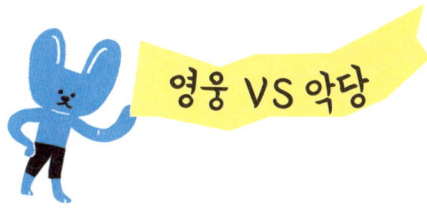

영웅 VS 악당

혹시 영화를 보며 주인공보다 주인공에 맞서는 악당에게 끌렸던 적이 있나요? 영화 〈다크 나이트〉의 '조커'처럼 주인공에 맞서는 악당이 인기를 끌 때도 있지만, 관객들은 대부분 주인공을 좋아하고, 주인공의 눈으로 영화 속 세상을 바라본답니다. 그러다 보니 어떤 관객들은 주인공의 시점과 태도를 아무 생각 없이 자신의 것으로 받아들이기도 해요.

예를 들어 전쟁 영화를 볼 때, 영화의 주인공에게 감정을 이입해서 주인공이 살아남기를 바라는 관객들이 많아요. 주인공을 같은 편이라고 생각하거나 또 다른 나의 모습이라고 느끼기 때문이에요. 그래서 주인공이 다치면 마음 아파하지만, 주인공의 총에 맞아 나뒹구는 적에게는 별 관심이 없지요.

미국 할리우드에서 만든 전쟁 영화들을 보면, 카메라가 어떻게 관객들을 유도하는지 잘 알 수 있어요. 전쟁에서 미국이 승리를 거머쥐고, 미국인인 주인공이 영웅처럼 느껴지는 영화 중에는 실제로 일어난 전쟁이 배경인 경우가 많아요. 베트남전이나 걸프전, 이라크전과 같이 영화의 배경이 된 전쟁들은 사실 미국에서 먼저 공격을 시작해 일어났답니다. 전쟁을 겪은 각 나라 국민의 관점에서는, 영화와 달리 미국이 악당이라고 생각할 수도 있겠죠?

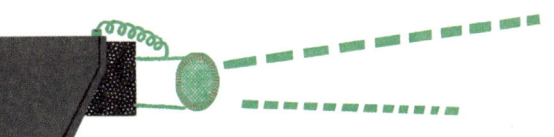

　이처럼 누구의 눈으로 바라보는가에 따라 관객이 느낄 수 있는 감정의 폭은 무척 달라질 수 있어요. 초등학교 교과서에도 내용이 실린 윤가은 감독의 2016년 영화 〈우리들〉의 주인공은 초등학교 4학년 '선'이에요. 영화의 첫 장면에서, 카메라는 피구를 하기 위해 편을 나누는 과정에서 선택받지 못하는 선이의 모습을 담고 있어요. 여름방학식을 하는 날에 선이는 전학생인 지아와 처음 만납니다. 여름방학 동안 지아는 선이의 집에 와서 자기도 하고, 손톱에 봉숭아 물을 들이며 친하게 지내지요. 하지만 개학을 하면서 관계는 완전히 달라져요. 영화의 마지막 장면 역시 피구를 하는 장면인데, 여전히 카메라는 금 밖에 서 있는 선이와 지아의 모습을 담아냅니다. 카메라를 통해 열한 살 선이의 시선을 따라가다 보면, 관객들은 선이의 불안하고도 미묘한 심리에 크게 공감할 수 있어요. 또한 친구 사이에서 비슷한 감정을 느꼈던 자신의 마음을 들여다보기도 하고, 어른이 된 뒤에도 여전히 인간관계가 어려운 자신을 만나기도 한답니다.

　카메라의 시선이나 시점이 가지고 있는 힘은 아주 세요. 우리는 카메라가 비추는 대로 대상이나 사건을 바라보지요. 영화감독은 현실을 생생히 담아내기 위해서 다

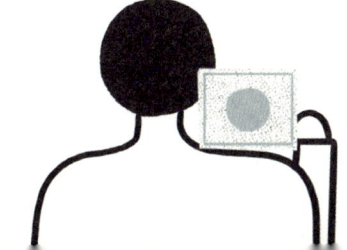

양한 카메라 기법을 사용해요. 우리는 카메라가 비춘 인물과 대상을 보면서, 우리가 사는 세상을 평소와 다르게 더 깊이 들여다보거나 다른 각도에서 새롭게 바라볼 수 있어요. 특히 우리가 평소 생각하지 못했거나 놓치고 있던 시점을 영화가 보여 줄 때, 그 영화는 우리의 삶에 깊은 울림을 준답니다. 오늘, 나와 내 주변을 카메라의 눈이 되어 바라보는 건 어떨까요?

 **더 생각해 보기**

영화는 카메라를 통해 우리에게 이야기를 보여 줘요. 카메라가 인물을 어떻게 비추는가에 따라 인물을 좋게도, 혹은 나쁘게도 볼 수 있지요. 카메라를 찍는 방법에 따라 이야기의 의미는 크게 달라진답니다. 다음 질문에 답하면서, 숏과 앵글에 대해 익혀 보세요.

1. 아래 빈칸에 카메라에 담을 장면을 그림으로 그려 보세요.

로 앵글
(올려 보기)

아이 레벨
(마주 보기)

친구를 아래에서 위로 보며 찍은 모습

하이 앵글
(내려 보기)

친구의 눈높이에 맞춰 찍은 모습

친구를 위에서 아래로 내려다보며 찍은 모습

2. 다음 장면을 보고, 다양한 숏에 대해 알아보세요.

때: 2020년 무더운 여름 어느 날, 쉬는 시간
장소: ○○ 초등학교 6학년 3반 교실

교무실에서 전화가 와 선생님이 잠깐 자리를 비운 사이, 서진이가 생일 선물로 받은 과자 봉지를 몰래 꺼낸다. 봉지를 열고 과자를 먹으려는 순간, 화장실에 가려고 뒤에서 걸어오던 민수와 부딪친다. 순간 과자는 서진이의 손을 떠나 공중으로 솟아오른 뒤, 바닥에 떨어진다. 과자가 바닥에 떨어지자 서진이의 얼굴은 순간 일그러졌고, 화가 머리 끝까지 난 서진이가 민수에게 다가가 멱살을 잡는다.

📝 이야기에서 가장 인상 깊은 장면과, 그 이유는 무엇인가요?

✏️ 앞의 이야기는 다양한 숏으로 나타낼 수 있어요. 아래 빈칸에 적절한 그림을 그려 보세요.

클로즈업
서준이의 화난 얼굴

미디엄 숏
민수의 멱살을 잡은 서준이

풀 숏
민수의 멱살을 잡은 서준이와 어질러진 과자가 보이는 장면

롱 숏
바닥에 어질러진 과자와 친구들, 민수의 멱살을 잡은 서준이가 멀리 보이는 장면

✏️ 자신이 그린 그림을 친구에게 보여 주고, 각 그림을 보고 받은 느낌을 들어 보세요. 그리고 자신이 전달하고픈 생각이나 느낌을 찾았는지 이야기해 보세요.

4
스크롤하면 재미가 올라와요
웹툰

오늘은 내가 제일 좋아하는 웹툰 〈유미의 세포들〉이 올라오는 날이다. 졸음을 참으면서 웹툰이 올라오기만을 기다렸다. 드디어 업데이트! 두근두근, 얼마 전 새로 등장한 남자 주인공 신 대리! 이번에는 드디어 유미가 진정한 사랑을 만난 걸까? 나는 웹툰 중에서 개그가 살짝 뿌려진 일상툰이 제일 좋다. 공포 웹툰도 가끔 보는데, 스크롤을 내릴 때마다 무언가 튀어나올 것만 같아 긴장되고 꼭 영화를 보는 것 같다. 웹툰은 댓글 보는 재미도 쏠쏠하다. 아직 한 번도 댓글을 단 적은 없지만, 언젠간 댓글을 써 보고 싶다. 그럼 내 댓글에도 사람들이 공감을 눌러 주겠지?

#꿀잼웹툰 #유미의세포들 #별5개

웹툰 이야기, 들어 볼래?

만화에는 졸음을 쫓아내는 마법 가루가 뿌려져 있는 것 같아요. 독서 시간에 잠을 못 이기던 친구도 만화를 볼 때만큼은 눈이 반짝거리지요. 이렇게 재미있는 만화를 예전에는 쉽게 볼 수가 없었어요. 만화책이 출간되어야만 볼 수 있어서 한참을 기다려야 했거든요. 하지만 이제는 기다릴 필요가 없어졌어요. 언제 어디서든 볼 수 있는 '웹툰'이 있으니까요.

웹툰은 인터넷을 뜻하는 '웹'과 만화를 뜻하는 '카툰'이 합쳐진 말이에요. 카툰은 '카르통'이라는 프랑스어에서 나왔는데, 원래는 두꺼운 종이나 그 위에 그리는 그림을 뜻했어요. 그러다 차츰 뜻이 변해서, 오늘날에는 컷으로 그린 만화를 통틀어 말해요. '인터넷'과 '카툰'을 합친 말이니 결국 웹툰은 '인터넷 만화'라고 할 수 있어요.

웹툰의 역사는 그리 오래되지 않았어요. 우리나라에서 웹툰은 인터넷 사용이 활발해진 1990년대 후반에 처음 등장했어요. 만화가나 개인 블로거들이 홈페이지에 웹툰을 연재하기 시작한 거예요. 처음에는 단순히 만화책을 스캔해서 인터넷에 올리는 정도였답니다. 그럼 우리가 보는 스크롤 형태의 웹툰은 언제부터 나온 걸까요? 그건 바로 인터넷 포털 사이트에 웹툰 서비스가 등장하면서부터예요. 2003년에 포털 사이트 '다음'에서 '만화 속 세상'이라는 코너를 만들어 최초로 웹툰 연재 서비스를 시작했답니다. 그 뒤 다른 포털 사이트에서도 웹툰을 연재하기 시작했어요.

웹툰은 모바일 시대를 맞이하면서 한층 더 발전했어요. 스마트폰 애플리케이션으로 언제 어디서든 손쉽게 웹툰을 볼 수 있지요. 특히 학교나 직장으로 이동하는 자투리 시간에 웹툰을 보는 사람들이 많아요. 공부나 일에 지친 사람들에게 웹툰은 심심함을 달래고 피로를 풀어 주는 비타민 역할을 해요. 대부분 무료라 경제적인 부담이 없어서 더 많은 사람이 웹툰을 즐기고 있어요.

웹툰의 또 다른 장점은 다양한 장르예요. 일상, 판타지, 모험,

공포, 개그, 학교, 로맨스, 드라마, 역사에 이르기까지 다양한 장르의 작품들 가운데 원하는 걸 마음껏 골라 볼 수 있지요. 어른, 아이 할 것 없이 누구나 자기만의 방식으로 웹툰을 즐긴답니다.

    요즘은 웹툰 작가를 꿈꾸는 어린이들도 많아졌어요. 단순히 웹툰을 좋아하는 것에서 그치지 않고, 자신이 그린 웹툰을 직접 온라인에 올려서 평가를 받는 적극적인 친구들도 많고요.

웹툰비타민

예전에는 만화를 좋아하면 공부를 못할 거라고 생각하는 사람들이 많았어요. 만화가 재미있긴 하지만, 공부에 방해가 된다고 생각했거든요. 하지만 그건 잘못된 생각이에요. 웹툰의 이야기 흐름을 따라가다 보면 자연스레 등장인물의 성격을 파악하고, 이야기가 어떤 식으로 짜였는지 분석하게 되기 때문이에요. 이 모두를 제대로 파악하고 이해하는 과정은 결코 쉬운 일이 아니랍니다. 이러한 경험을 통해 우리 삶에 필요한 많은 능력을 기를 수 있어요. 상황을 파악하는 힘과 다른 사람의 마음을 이해하는 힘도 길러지지요.

웹툰의 재미는 댓글 놀이지!

아린　우리 학교에서 '학교 폭력 예방 대회' 공모전이 있어서 웹툰 부문에 참가했는데, 뭔가 아쉬웠어.

인서　왜? 너라면 즐겁게 잘했을 텐데.

아린　웹툰이라서 즐겁게 참가하긴 했는데······. 나중에 보니 수상작들을 그냥 학교 게시판에만 붙이더라고.

인서   그게 왜? 게시판에 붙이는 게 뭐가 아쉬워?

아린   웹툰의 재미는 댓글 놀이가 반인데, 게시판에 그림처럼 붙여만 놓으면 무슨 재미야? 작가의 말도 쓰고, 본 사람들끼리 댓글로 감상도 나누면 더 재밌을 텐데.

인서   그건 그래. 근데 웹툰도 결국은 만화잖아? 만화니까 그냥 붙여 놓아도 되는 거 아닌가?

아린   에이, 그건 아니지. 웹툰이 만화에서 출발한 건 맞지만, 그 둘은 사실 엄청 다르다고!

  웹툰 작가가 꿈인 아린이는 학교에서 열린 공모전에서 아쉬움을 느꼈어요. 웹툰을 만화와 똑같이 취급하면 안 된다고 생각하기 때문이에요. 인서의 말처럼 웹툰도 만화의 한 분야인데, 웹툰이 만화와 어떤 차이가 있길래 아린이는 그 둘이 엄청 다르다고 말한 걸까요?

  우선 만화는 그림을 종이 위에 표현하고, 웹툰은 화면으로 표현해요. 기본적으로 만화는 '칸'으로 장면을 구분해요. 각각의 칸에는 인물, 배경, 말풍선과 그 안에 담긴 대사, 상황을 드러내는 의성어와 의태어가 들어가지요. 웹툰도 비슷한 요소들로 이루어져 있지만, 장면이 칸으로만 나뉘지는 않아요. 위에서 아래로 스크롤

을 내리면 다음 장면이 이어지니까요.

웹툰은 다양한 컴퓨터 기술을 활용해서 만들기 때문에 만화보다 훨씬 생생하고 입체감 있게 느껴져요. 한 컷씩 좌우로 넘겨 보는 컷툰, 움직이는 이미지와 음향 효과를 더한 무빙툰처럼요. 최근에는 증강 현실과 360도 파노라마, 얼굴 인식 등 다양한 기술로 독자와 작품이 서로 영향을 주고받는 인터랙션툰까지 등장했어요. 인쇄 만화가 이미지와 글자만으로 표현되었다면, 웹툰은 배경 음악이나 애니메이션, 스마트폰의 진동까지 활용하기 때문에 훨씬 더 생생하게 즐길 수 있답니다. 마치 영화를 보듯 말이에요.

하지만 웹툰의 재미는 역시 댓글 놀이에 있어요. 만화 독자들과 달리 웹툰 독자들은 댓글을 달아 작가에게 직접 질문할 수 있고, 작품을 보고 난 뒤 바로 다른 독자들과 함께 댓글로 감상을 나누며 소통의 즐거움을 느끼기도 해요. 독자와 소통하기를 좋아하는 웹툰 작가들은 독자들의 질문과 감상에 친절히 답해 주곤 하지요. 어떤 작가들은 '작가의 말' 또는 개인 SNS 등을 통해 독자들을 대상으로 재미난 이벤트를 열기도 한답니다. 이렇듯 웹툰 세상에서는 작가와 독자, 독자와 독자끼리 서로 활발하게 소통해요.

황금알을 낳는 웹툰

웹툰 산업은 인기에 힘입어 이제 만화 산업 전체를 이끌어 갈 정도로 성장했어요. 요즘은 관공서나 지역 사회단체에서도 웹툰 형식으로 홈페이지에 게시물을 올린답니다. 같은 내용도 웹툰 형식으로 전달하면 사람들에게 훨씬 쉽고 친근하게 다가갈 수 있지요. 또, 웹툰의 영향력이 커지자 웹툰을 활용한 광고도 많아졌어요. 소비자들에게 큰 거부감 없이 상품을 홍보할 수 있으니까요. 이러한 특성 덕분에 웹툰의 영향력은 점점 더 커지고 있어요.

웹툰이 '황금알을 낳는 거위'로 주목받는 이유는, 웹툰을 다른

창작물로 활용할 수 있기 때문이에요. 〈순정만화〉, 〈그대를 사랑합니다〉, 〈26년〉 등 '강풀' 작가가 그린 웹툰의 대부분이 영화로 재탄생한 것처럼 말이에요. 그리고 〈마음의 소리〉, 〈이끼〉, 〈은밀하게 위대하게〉, 〈신과 함께〉, 〈미생〉, 〈치즈인더트랩〉, 〈김 비서가 왜 그럴까〉, 〈내 ID는 강남미인!〉, 〈해치지 않아〉 등 수많은 인기 웹툰이 드라마나 영화로 만들어져 큰 이익을 거두어들였어요.

이렇게 웹툰을 바탕으로 한 2차 창작물이 많이 만들어지는 이유는 뭘까요? 드라마나 영화를 만들려면 엄청난 돈이 필요해요. 적게는 수십억에서 많게는 수백억에 이르는 제작 비용이 들어가지요. 문제는 그런 돈을 들이고도 흥행

©네이버웹툰

에 실패할 확률이 꽤 높다는 거예요. 그 드라마나 영화가 사람들에게 인기를 얻을 수 있을지 없을지 누구도 알 수 없으니까요. 하지만 이미 많은 사람에게 작품성을 인정받은 유명한 웹툰을 활용한다면 성공할 수 있는 확률이 훨씬 높겠지요?

앞에서 살펴본 것과 같이 웹툰 산업이 더 크게 성장할 가능성은 무궁무진해요. 유료 서비스나 광고로 얻는 수입뿐만 아니라 드라마, 영화, 게임, 공연 등 2차 창작물에서 얻는 수익, 거기다 해외에 수출해서 얻는 수익도 점차 늘어날 테니 말 그대로 황금알을 낳는 거위라 할 수 있어요.

스마트폰이 우리 일상에 스며든 만큼, 웹툰도 우리와 더욱 가까워졌어요. 자투리 시간을 이용해 스르륵 넘기며 부담 없이 웹툰을 감상하다 보면, 스트레스가 풀리고 신선한 자극에 유쾌해지기도 해요. 하지만 웹툰을 쉽게 볼 수 있다고 해서 아무렇게나 읽어야 하는 것은 아니에요. 웹툰 역시 하나의 예술 작품이니까요.

이야기가 어떤 방식으로 표현되는지, 작가가 전하는 메시지는 무엇인지, 우리가 살아가는 세상이 웹툰 안에서 어떻게 그려지는지를 생각하면서 본다면, 웹툰에서 얻는 즐거움이 더 커질 거예요. 댓글로 작가나 다른 독자들과 감상을 나누는 것도 좋고, 더 관심이 있는 친구라면 웹툰 작가를 꿈꾸는 것도 좋겠지요. 웹툰이라는 크고도 놀라운 세계를 앞으로도 즐겁게 누려 보세요!

더 생각해 보기

드라마나 영화를 보는데 익숙한 장면 같을 때가 있어요. 아, 웹툰에서 내용을 빌려 왔군요. 새로운 문화 산업이 될 만큼 인기가 어마어마한 웹툰은 이제 장르를 넘나들며 독자와 만나고 있어요. 내가 좋아하는 웹툰들을 떠올리며 질문에 답해 볼까요?

1. 웹툰 추천 목록을 참고해서, 나의 웹툰 추천 목록을 만들어 보세요.

🖊 웹툰 추천 목록

제목	작가	플랫폼	추천 정도	추천 이유
개를 낳았다	이선	네이버	★★★	반려동물의 삶, 사람의 책임에 대해 생각해 볼 수 있는 따뜻하고 말랑말랑한 웹툰입니다.
양말 도깨비	만물상	다음	★★★	그림체가 몽글몽글하고 매력적입니다. 다문화, 다양성, 미래에 대해서도 살필 수 있어요.

🖊 **나의 웹툰 추천 목록**

제목	작가	플랫폼	추천 정도	추천 이유
			☆☆☆	
			☆☆☆	

2. 모둠 친구들과 추천 목록 가운데 한 편의 웹툰을 함께 감상하고, 댓글을 달아 보세요.

 웹툰 제목

_____

 댓글

_____

3. 나만의 웹툰 캐릭터를 만들어 보세요.

> **TIP** 인물, 동식물, 사물 등 모두 가능해요.

- 이름 :

- 나이 :

- 좋아하는 것 :

- 성격 :

- 취미 :

- 하는 일 :

✏️ 캐릭터에게 다양한 질문을 하며 대화를 나눠 보세요.

5
새로운 미디어의 등장
게임

시험이 끝난 기념으로 친구들하고 PC방에 갔다. 난 PC방은 처음이다. 롤 게임을 했는데, 애들이 막 욕을 해서 깜짝 놀랐다. 원래 이 게임은 욕을 하면서 해야 더 재미있단다. 집에 와서 얘기했더니, 아빠가 좋은 게임도 많으니 그런 게임은 되도록 하지 말라고 하셨다. 내 생각에도 마인크래프트 같은 게임이 나한테 더 맞는 것 같다. 마인크래프트는 내가 하나씩 만들어 가는 재미가 있다. 아빠가 어렸을 때는 오락실에 가면 어른들한테 꾸중을 엄청나게 들었다고 한다. 게임은 무조건 나쁘다고 생각했다고 하셨다. 그럼 아빠는 어렸을 때 뭘 하고 놀았을까?

#PC방에처음간날 #마인크래프트 #꿀잼

게임 세상에서는 내가 주인공

　게임 좋아하는 친구들, 손! 아마 대부분 들지 않았을까요? 게임을 싫어하는 친구들은 별로 없을 거예요. 게임에 집중하다 보면 시간이 어떻게 흐르는지 모를 만큼 흠뻑 빠져들지요. 공부할 때와는 정말 달라요. 하지만 게임이 단순히 재미만 주는 것은 아니에요. 이게 무슨 말이냐고요? 찬찬히 알아보도록 해요.

　게임은 책이나 영화 같은 미디어들과 달리 게임을 하는 사람, 즉 플레이어가 스스로 주인공이 되어 이야기를 만들고 사건을 해결해 나가요. 그래서 더 즐겁게 집중할 수 있지요. 한편, 게임은 어른들이 두려워하는 세계이기도 해요. 어른들이 어렸을 때는 게임이 지금처럼 누구나 쉽게 하는 놀이가 아니었거든요. 컴퓨터 게임은 모든 미디어가 최고의 디지털 기술을 활용해 하나로 합쳐진 복합 미디어예요. 문학, 음악, 미술, 영화, 사진과 같은 미디어가 하나의 게임 속에 모두 녹아 있어요. 어른들은 이런 복합 미디어를 다뤄 본 경험이 부족하거나 없기 때문에, 잘 모르는 분야인 게임을 두려워하게 되는 거예요.

좋든 싫든 우리는 게임의 시대를 살고 있고, 앞으로도 게임과 함께 살아가야 해요. 단순히 즐기기만 하거나 두려워만 해서는 안 된다는 거죠. 그럼 어떻게 해야 할까요? 지금 우리에게 필요한 것은 게임이 품은 이야기를 '읽어 내는' 능력이에요.

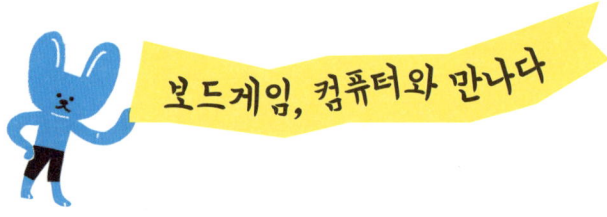

보드게임, 컴퓨터와 만나다

게임은 놀이지만, 단순한 놀이가 아니라 그 안에 어떤 이야기를 품고 있어요. 유명하고도 오래된 보드게임 가운데 하나인 '장기'를 예로 들어 볼까요? 우리에게 잘 알려진 장기는 초나라 사람 항우와 한나라 사람 유방이라는 역사적인 중국 인물들의 대결을 토대로 만든 게임이에요. 장기판 위에는 나무로 만든 말이 놓여 있는데, 양쪽 편의 대장 말에는 각각 '초(楚)'와 '한(漢)'이라는 나라 이름이 한자로 새겨져 있어요. 장기에서 이기려면 말을 어떻게 움직일지 전략을 잘 세워야 한답니다.

그런데 장기를 유심히 관찰해 보면, 게임이 왜 단순한 놀이가 아닌지를 알 수 있어요. 역사책에 담긴 항우와 유방 이야기는 이미 과거에 결론이 난 사건을 일어난 순서대로 풀어 쓰는 방식이 많아요. 항우가 유방과의 대결에서 졌다는 것은 이미 알려진 사실이고, 책을 읽으며 그 과정을 자세히 알아 가는 것이지요. 이와

다르게 게임에서는 플레이어의 선택에 따라 이야기의 결말을 얼마든지 바꿀 수 있어요. 플레이어가 누구를 선택해서 어떻게 싸우느냐에 따라 항우가 싸움에서 크게 이길 수도 있고, 유방이 계속 지다가 마지막에 역전할 수도 있는 거예요. 마치 현실처럼 이야기의 흐름이 변화무쌍하게 달라지지요.

이러한 보드게임은 오늘날 컴퓨터와 만나면서 더 풍부한 이야기를 품게 됐어요. 옛날에는 장기 알을 움직일 때마다 계산하느라 머리가 복잡했지만, 지금은 컴퓨터가 계산도 척척 알아서 해 주고, 컴퓨터 그래픽을 이용해 실제 전쟁터 같은 가상의 세계를 만들 수도 있어요. 게임 속 이야기는 한층 더 생생하고 흥미진진하게 표현된답니다.

'브롤스타즈'는 어린이들 사이에서 정말 인기가 많은 게임이에요. 세 사람이 팀을 이루어 맞붙는 짜릿한 승부는 5분 안에 엄청난 재미를 만들어 내지요. 그런데 만약 이 게임이 과거에 나왔다면 어땠을까요? 공격과 방어, 이동 거리를 계산하기 위해 계산기를 두드리고, 내용을 엄청 많이 적으면서 게임을 해야 했을 거예요. 하지만 요즘은 어떤가요? 우리는 스마트폰 화면을 터치하는 것만

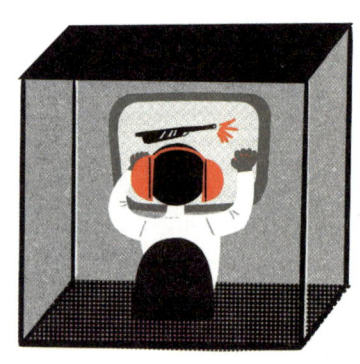

으로도 게임을 즐길 수 있어요. 컴퓨터와 만나면서 게임의 세계가 훨씬 넓어진 거예요.

게임이라는 놀랍고도 새로운 세상

게임은 첨단 기술을 바탕으로 한 새로운 미디어예요. 그래서 책이나 영화, 뉴스 같은 미디어와는 다른 여러 특징이 있답니다. 게임의 특징 몇 가지를 함께 알아볼까요?

첫째, 게임은 그냥 보거나 읽는 방식이 아니라서 각자의 상황과 개성에 따라 다른 의미가 오고 가요. 뉴스와 비교해 볼까요? TV나 신문의 뉴스를 보며 사람들은 어떤 사건에 대해 똑같은 소식을 접해요. 반면 게임에서 벌어지는 사건은 당사자에게만 일어나는 특별한 경험이에요. 만약 1만 명이 같이 뉴스를 보거나 게임을 한다고 생각해 보세요. 뉴스는 1만 명 모두가 같은 소식을 접하지만, 게임은 1만 명 각각의 플레이가 하나도 똑같을 수 없어요.

둘째, 게임에 참여한 사람들은 서로 영향을 주고받아요. '리그 오브 레전드'라는 게임을 예로 들어 볼게요. 이 게임은 상대 캐릭터의 기술만 이해해서는 결코 이길 수가 없어요. 상대가 어느 타이밍에 집에 가는지, 라인에 보이지 않으면 무슨 행동을 하는 중인지 파악해야만 맞붙을 수 있지요. 결국 게임 속 이야기는 정해진 것이 없어요. 상대의 움직임을 어떻게 해석하느냐에 따라 내 움직임도 계속해서 변화하기 때문에, 서로에게 끊임없이 영향을 미치면서 게임이 진행된답니다.

셋째, 게임을 통해 새로운 효과를 만들어 낼 수 있어요. 소설에서는 주인공과 등장인물이 사건을 이끌어 나가지만, 게임은 내가

직접 사건에 참여해야 이야기가 진행될 수 있어요. 대표적인 예가 바로 '마인크래프트'라는 게임이에요. 마인크래프트는 게임 중에서도 플레이어에게 주어진 선택의 폭이 더 넓은 게임이에요. 게임의 기본 원리를 익히고 나면 내 선택에 따라 건물을 지을 수도 있고, 커다란 광산을 만들거나 농장 주인이 될 수도 있어요. 또 긴장감 넘치는 생존 게임을 즐길 수도 있지요. 비록 모니터나 액정에 담긴 세상이지만, 나만의 세상을 만든다는 것 자체가 짜릿한 일이에요. 이처럼 게임을 한다는 것은 새로운 세상을 만들어 내는 일이기도 하답니다.

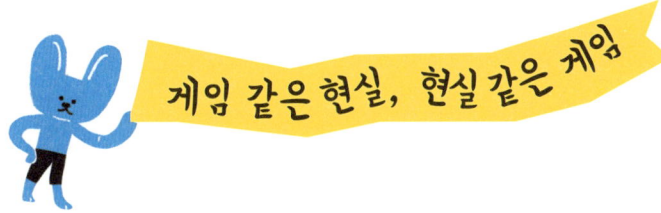

게임 같은 현실, 현실 같은 게임

첨단 기술을 바탕으로 한 게임은 다른 미디어에서는 볼 수 없었던 새로운 세상으로 우리를 안내해요. 모든 미디어가 사람과 사회에 영향을 미치는 것처럼, 게임도 우리가 사는 세상과 깊숙이 연관되어 있어요.

　여러 명이 함께하는 '리그 오브 레전드' 게임을 예로 들면, 게임 안에서 욕과 비아냥거림, 트롤들을 흔하게 볼 수 있어요. '트롤'이란 의도적으로 정상적인 게임 플레이를 망치는 사람들을 부르는 말이에요. 왜 사람들은 게임 중에 욕을 하는 걸까요? 팀을 이뤄서 롤 게임을 할 때, 내가 아무리 잘하더라도 팀원들이 못해서 경기에 지면 나 또한 낮은 점수를 얻기 때문이에요. 그러다 보니 어떤 사람들은 다른 사람 때문에 상황이 나빠지면 욕을 내뱉거나 지나치게 흥분한 모습을 보이기도 한답니다.

그런데 이런 모습은 시험 점수라는 결과로만 평가받는 우리 사회와 많이 닮아 있어요. 다만 현실에서 마구 욕을 내뱉었다가는 부모님과 선생님께 혼나거나 따가운 눈총을 받으니 평소에는 안 그럴 뿐이지요. 게임을 할 때면 현실에서 마음속에 쌓인 답답함이 터져 나와 심하게 욕을 하는 것일 테고요.

이렇듯 우리의 현실이 게임판에서 드러나는가 하면, 거꾸로 게임을 통해 현실을 들여다볼 수도 있어요. '디스 워 오브 마인'이라는 게임은 동유럽에서 벌어진 전쟁의 한가운데, 부서진 건물 안에서 추위를 견디며 모자란 식량으로 살아남아야 하는 게임이에요. 이 게임은 플레이 중에 우리에게 끊임없이 질문을 던져요.

예를 들어 식량을 구하러 나갔다가 어느 집 냉장고에 통조림이 많아 가져오려는 상황에서, 한 할아버지가 나타나 그걸 가져가면 우리 부부가 굶어 죽는다며 하소연을 하는 거예요. 영화나 소설이라면 이 상황에서 우리는 주인공의 선택을 지켜보기만 하면 돼요. 그런데 이 게임에서는 식량을 가져올지 말지 직접 선택해야 하니, 진지하게 고민할 수밖에 없어요. 게임에서 일부러 위기 상황을 설정하고, 이런 상황에서 인간의 존엄성을 어떻게 지켜 나갈 것인지 우리에게 질문을 던지는 거예요.

이처럼 게임은 우리가 살아가는 현실 세계를 비추고 또 우리에게 영향을 줘요. 디지털 중심으로 세상이 변하면서 게임 속 가상 현실과 우리가 사는 현실은 점점 더 비슷해지고 있어요. 실제로 〈크라임씬〉처럼 게임 형식을 딴 예능 프로그램도 있고, '방 탈출 카페'처럼 게임에서나 보던 것을 현실에서 만들어 내기도 한답니다.

게임에도 '밀당'이 필요해

　게임을 하고 그 속에 담긴 이야기를 읽어 내는 것은 우리가 살아가는 세상을 이해하는 일이기도 해요. 때때로 게임은 당장 현실에 적용하기 어려운 모델을 실험하는 무대가 되기도 하지요. 여러분도 '가상 현실'이라는 말을 들어 본 적이 있을 거예요. 가상 현실이 어떤 것이고, 우리에게 어떤 도움이 될지를 게임을 통해 가장 먼저 확인할 수 있어요. 가상 현실 속에서 펼쳐지는 게임을 살펴보면 앞으로 다가올 미래 사회의 모습을 더 쉽고 빠르게 이해할 수 있으니까요.

　게임을 통해 우리 사회의 문제점을 파악할 수도 있어요. 요즘

한창 인기가 많은 어느 모바일 네트워크 게임은 자동 사냥 시스템이나 도를 넘어선 현금 아이템 등으로 많은 비판을 받지만, 여전히 인기가 많아요. 돈으로 레벨과 경험치를 사는 것은 공정한 게

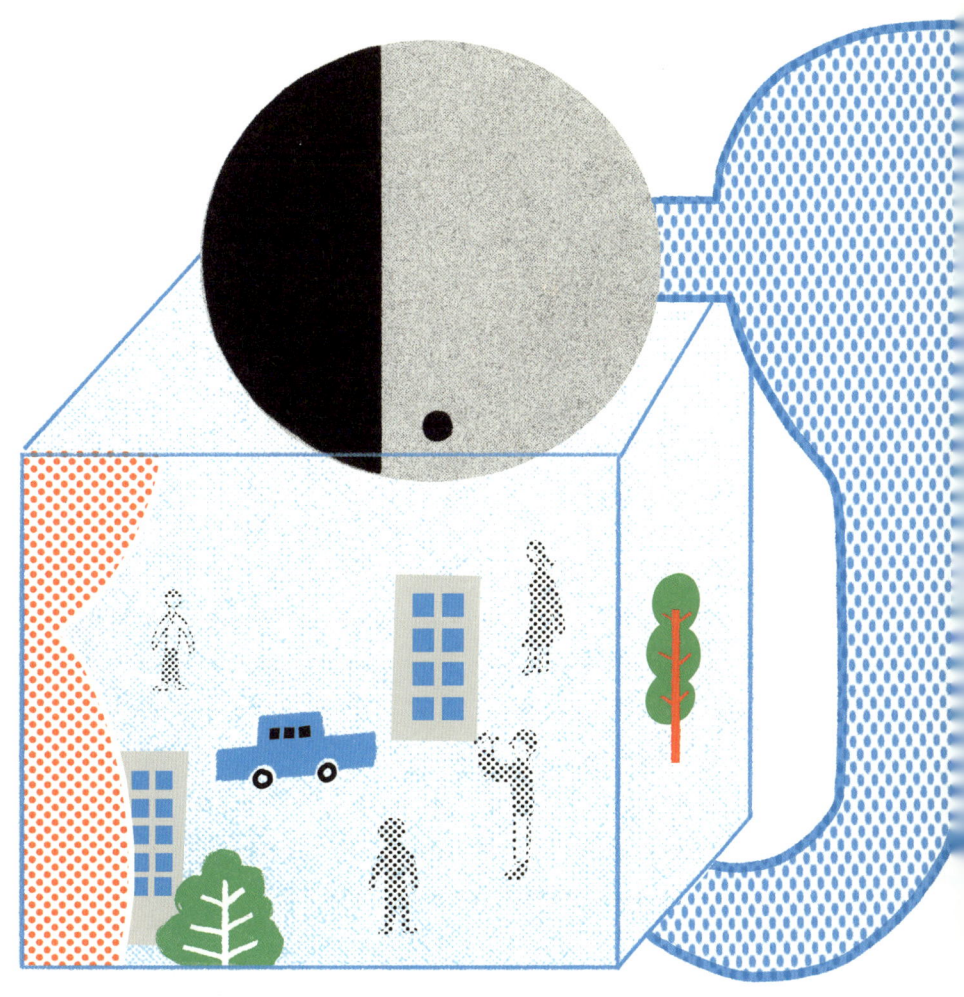

임이 아니에요. 그런데도 이를 부끄러워하기는커녕 적극적으로 활용하거나 과시하는 모습은 우리 사회의 물질 만능주의와 많이 닮았지요. 그런 방법으로 게임에서 이기고 기뻐하는 모습은, 1등부터 꼴찌까지 순위를 매기는 사회에 길들여진 사람들의 모습이기도 해요.

    게임은 단순한 놀이가 아니라 우리가 사는 세상을 비추는 새롭고 독특한 미디어예요. 그리고 그 역할은 앞으로 점점 더 크고 중요해질 거예요. 여러분이 게임이라는 놀이를 즐기면서도 그 속에 담긴 이야기를 읽어 낼 줄 아는 눈을 키운다면, 게임은 새로운 세상을 이해하는 즐겁고도 새로운 방식의 공부가 될 수 있어요.

 더 생각해 보기

이제 게임은 많은 사람이 즐기는 하나의 문화가 되었어요. 여러 연령대의 사람들이 다양한 장소에서 셀 수 없이 많은 게임을 즐기고 있답니다. 다 함께 게임을 재미있고 건강하게 즐길 수 있다면 더욱 좋겠지요? 게임을 해 본 경험을 떠올리며 질문에 답해 보세요.

1. 내가 해 본 게임들을 떠올려 보세요.

 내가 해 본 게임 중에 친구들이나 후배들에게 추천하고 싶은 게임은 무엇인가요?

_____

 왜 그 게임을 추천하고 싶은가요?

_____

_____

2. 게임을 하다 보면 아이템 같은 상품을 돈을 주고 사야 할 때가
   있어요. 게임을 하면서 상품을 사거나 팔아 본 경험이 있나요?

   📝 상품을 사거나 팔아 본 경험이 있다면,
      현실에서 돈을 쓰는 것과 어떤 차이가 있었나요?

   _____

   _____

   _____

   📝 상품을 사거나 팔아 본 경험이 없다면,
      사고 싶었던 상품은 무엇인가요? 만약 없다면, 이유는 무엇인가요?

   _____

   _____

   _____

3. 다음 글을 읽고, 게임을 바라보는 관점에 대한 생각을 정리해 보세요.

> 세계보건기구가 게임 이용 장애를 질병으로 분류했습니다. 게임을 하는 시간보다는 자기 스스로 게임 시간을 조절할 수 있는지를 판단 기준으로 삼았습니다. 즉, 단순히 게임을 오래 한다고 해서 무조건 게임 이용 장애라고 진단하기는 어렵습니다. 세계보건기구는 '일상생활보다 게임을 우선시해 부정적인 결과가 발생해도 게임을 지속하거나 확대하는 게임 행위의 패턴'을 게임 이용 장애라고 정의했습니다.

(1) 일상생활에서 게임으로 인해 불편이나 위험을 겪었던 경험이 있다면 써 보세요.

(2) 일상생활과 게임 사이의 균형을 잘 잡는 방법을 친구들과 의논해 보고, '우리의 약속' 세 가지를 만들어 보세요.

①

②

③

6
나와 세상의 연결고리
인터넷

엄마가 정말 인터넷을 끊었다. 계속 밤늦게까지 게임을 하면 인터넷을 끊을 거라고 경고장을 날리긴 했지만, 맙소사! 진짜로 끊을 줄은 몰랐다. 스마트폰 데이터도 얼마 안 남았는데 인터넷까지 끊으면 수행 자료 조사는 어떻게 하고, 좋아하는 영상은 어떻게 보며, 노래는 어떻게 들으라고! 인터넷이 안 되니 정말 모든 게 막막하다. IPTV로 스포츠 중계를 즐겨 보던 아빠도 리모컨만 만지작거리며 어쩔 줄 몰라 했다. 혹시 이게 말로만 듣던 인터넷 중독일까? 중독이든 뭐든 살고 봐야겠다. 엄마, 제발 인터넷 좀 연결시켜 주세요. 제가 잘못했어요.ㅠㅠ

#인터넷없는세상 #답답 #막막 #고문이다ㅠㅠ

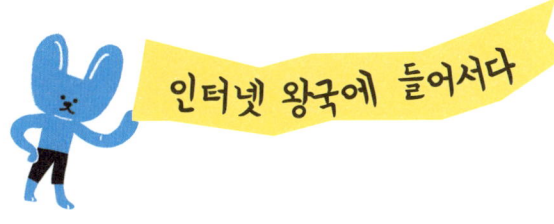

인터넷 왕국에 들어서다

 만약 인터넷이 사라진다면 어떻게 될까요? 상상하기도 싫다고요? 맞아요. 이제 우리 생활에서 인터넷은 없어서는 안 될 영역이 됐어요. 그런데 인터넷은 언제부터 우리의 일상을 지배한 걸까요?
 인터넷이 맨 처음 만들어진 시기는 1960년대예요. 미국과 소련이 대립하고 있던 때에 군사적인 목적에서 만들어졌어요. 혹시 모를 공격으로 컴퓨터에 저장한 문서들이 사라질 수도 있으니, 미국 국방성에서 컴퓨터 통신망을 연결하는 프로그램을 만들기 시작한 거예요. 1969년에 만든 '아르파넷'이라는 통신망이 바로 인터넷의 원조라고 해요.

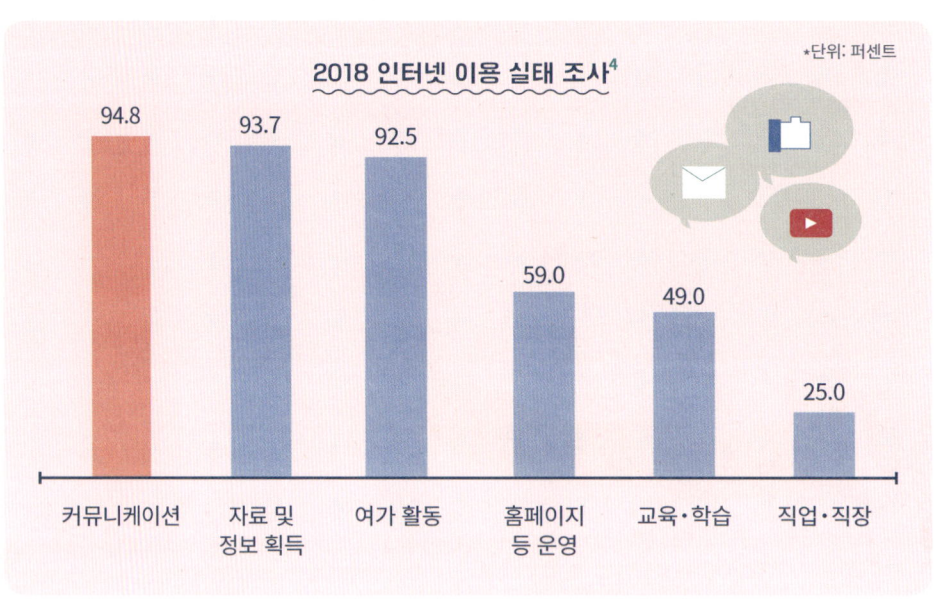

우리나라는 1982년 무렵 인터넷이 들어온 뒤, 지금은 국민 대부분이 인터넷을 이용하고 있어요. 최근에는 초고속 인터넷 이용자가 점점 늘어나고 있고, 전파를 이용하는 텔레비전 방송도 점차 인터넷을 이용하는 IPTV로 바뀌면서 인터넷 의존도는 더 높아지고 있지요. 그런데 사람들은 왜 인터넷을 이용하는 걸까요? 불과 30년 전까지만 해도 인터넷 없이 잘만 지냈는데 말이에요.

한 조사에 따르면 "인터넷을 왜 이용하는가?"라는 질문에 커뮤니케이션, 즉 의사소통을 하기 위해서 이용한다고 응답한 사람이

94.8퍼센트나 됐다고 해요. 좀 이상하지 않나요? 의사소통은 인류가 생긴 이래 계속해 오던 일이에요. 그런데 왜 갑자기 의사소통할 때 인터넷이 필요해진 걸까요? 이 비밀을 풀기 위해서는 먼저 인터넷이라는 미디어의 특성을 알아야 해요.

인터넷의 비밀을 풀 네 가지 열쇠

하나 0과 1의 세상, 디지털

여러분도 디지털 세상이라는 말을 들어 본 적이 있을 거예요. 디지털 공부법, 디지털 방식, 디지털식 사고와 같이 요즘은 어딜 가나 디지털이라는 말이 넘쳐 나지요. 그런데 디지털이란 도대체 뭘까요? 디지털을 이해하려면 먼저 '아날로그'와 '디지털'의 차이부터 알아보는 게 좋겠어요.

우선 아날로그는 손에 잡히는 물질로 만들어진 거예요. 쉽게 예를 들면 종이책은 아날로그, 전자책은 디지털에 속해요. 내가 친구에게 종이책을 주고 나면 책이라는 물건이 사라졌으니, 나는 이

제 그 책을 읽을 수 없겠지요? 하지만 파일 형태인 전자책은 여러 사람에게 보내더라도 그대로 내 컴퓨터 안에 들어 있어요. 또 종이책은 여러 사람이 돌려 보면 훼손될 수 있지만, 전자책은 원본과 복사본이 같아서 언제나 처음 그대로예요. 그래서 오늘날에는 다양한 콘텐츠를 디지털 방식으로 만들어 공유해요.

그렇다면 디지털은 어떻게 그 많은 정보를 한꺼번에 전송하는 걸까요? 디지털은 '0'과 '1'이라는 신호의 조합만으로 정보를 전달해요. 디지털 방식으로 만든 음악이나 사진 파일을 여러 번 복사해 사람들과 나눠도 음질이나 화질이 그대로인 것

은 그 덕분이지요. 우리가 이용하는 인터넷 공간은 이렇게 디지털화된 정보들이 모이고 쌓여서 흘러 다니는 곳이에요. 더 나아가 이제는 인터넷을 이용해 누구나 정보를 만들고 팔 수 있는 시대가 됐어요. 이 모든 일이 디지털 세상이라서 가능하지요.

둘 글+그림+소리, 멀티미디어

인터넷은 우리의 눈과 귀를 즐겁게 해요. 평소에 신문이나 뉴스를 보지 않던 사람들도 포털 뉴스는 쉽게 클릭하지요. 손가락 몇 번만 까딱하면 내가 원하는 정보를 쉽게 찾을 수 있으니까요. 또 종이 신문과 달리 사진과 동영상을 덧붙인 기사로 사건을 더 생생하게 확인할 수 있어요.

인터넷은 트랜스포머처럼 여러 모습으로 변신하기도 해요. 인터넷과 만난 컴퓨터와 휴대 전화는 전화기도, 신문도, 텔레비전도 될 수 있어요. 환경이 이렇게 변하면서 우리가 정보를 읽고 쓰는 방식도 빠르게 변화하고 있어요. 예를 들어 과거에는 여행 정보를 구하려면 주로 서점에서 여행을 주제로 쓴 책을 사서 읽어야 했어요. 여행 이야기를 담은 책을 펼치면 사진보다 글자가 훨씬 많았고요. 하지만 요즘은 어떤가요? 당장 여행 블로그를 열면 다양한 사진이나 동영상을 볼 수 있어요. 문자 중심에서 이미지 중심으로 방식이 변한 거예요. 이처럼 인터넷은 우리의 눈과 귀를 즐겁게 해 줄 뿐만 아니라 글쓰기 방식까지 변화시키고 있답니다.

셋 연결과 연결, 하이퍼링크

하이퍼링크란 웹에서 글이나 이미지를 클릭했을 때 그것과 관계있는 다른 페이지로 연결되는 것을 말해요. 보통 밑줄이 그어져 있거나 밑줄과 색깔이 함께 표시되어 있어요. 하이퍼링크는 우리를 놀라운 지식의 세계로 안내해요. 책이나 영화같이 만든 사람이 제공하는 정보만 얻을 수 있는 미디어와 달리, 인터넷에서는 하이퍼링크를 통해 관심 있는 다른 정보로 계속해서 이동하며 그 범위를 넓힐 수 있어요.

예를 들어 인터넷에서 영화를 검색하다가, 영화의 배경 사건이나 장소가 궁금해질 수 있어요. 그런데 책과 같은 기존의 미디어에서는 미디어에 담긴 내용만 볼 수 있기 때문에, 궁금한 부분은 나중에 따로 찾아봐야 해요. 그러나 인터넷에서는 하이퍼링크나 검색을 통해서 바로 필요한 정보를 찾을 수 있답니다. 이처럼 하

이퍼링크로 연결된 '열린 정보'들 덕분에 우리는 징검다리를 건너듯 정보와 정보 사이를 더욱 쉽게 건너다닐 수 있어요.

넷 서로가 서로에게, 양방향성

　인터넷 미디어의 마지막 특성은 양방향성에 있어요. 정보를 만드는 사람과 받아들이는 사람이 따로 정해지지 않고, 서로가 서로에게 영향을 미친다는 뜻이에요. 과거에는 언론사나 전문가들이 여론을 만들거나 정보를 전달했고, 사람들은 그걸 받아들이기만 했어요. 그런데 요즘 인터넷을 보면 네티즌들의 힘이 세졌다는 걸 알 수 있어요. 예를 들어 네티즌들의 관심을 끄는 기사에는 몇 시간 만에 수천 건이 넘는 다양한 의견이 올라와요. 이 중 기사의 잘못된 점을 지적하는 댓글의 영향으로 기사의 내용이 바뀌거나 기사가 아예 삭제되기도 해요. 또 베스트 댓글이 기사보다 더 주

목받으며 여론에 영향을 미치기도 하지요.

과거에는 정보가 일방통행처럼 한쪽으로만 움직였다면, 지금은 정보를 전달하는 쪽과 받아들이는 쪽이 서로 영향을 주고받는 관계가 된 거예요. 이런 특성 때문에 인터넷은 뜨거운 소통의 장이 되기도 해요. 또 네티즌들의 적극적인 참여는 현실을 바꾸는 힘이 되기도 한답니다. 촛불 집회가 그 대표적인 예라고 할 수 있어요.

진화하는 인터넷

인터넷도 생명체처럼 진화해요. 그게 무슨 말이냐고요? 우리가 지금 사용하는 인터넷은 초기에 나온 인터넷과는 많이 달라졌어요. 과거에는 포털 사이트를 중심으로 사이트에서 제공하는 서비스를 이용하는 게 전부였어요. 그런데 2000년대 초반, 인터넷 이용자들이 직접 글을 써서 올리거나 수정할 수 있는 백과사전 개념의 '위키피디아'가 등장하면서 많은 점이 달라졌어요. 이제 인터넷을 이용하는 사람이라면 누구나 자신이 알고 있는 정보를 인터

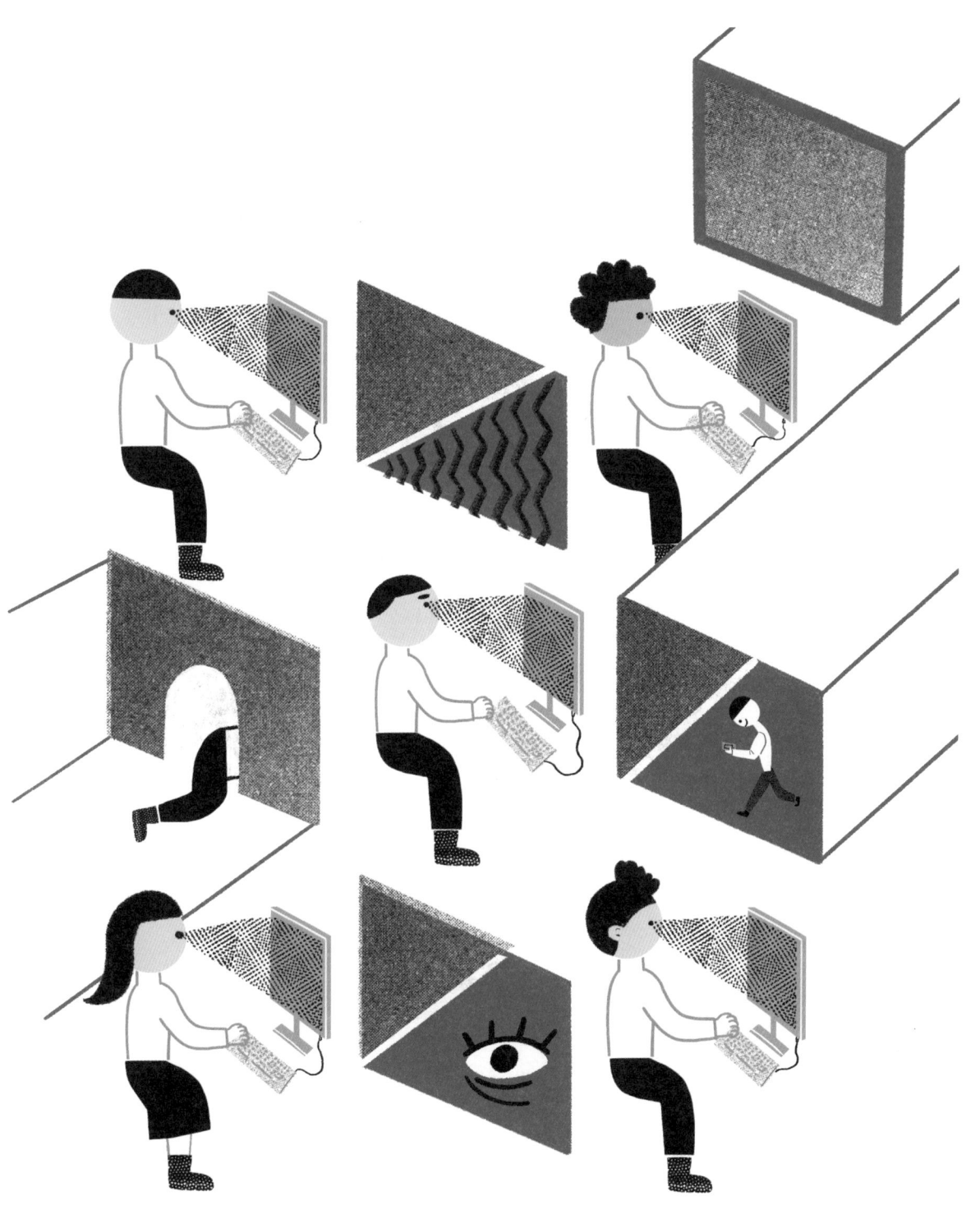

넷에 올리거나 공유할 수 있고, 그걸 이용해 사업을 하기도 해요. 누구에게나 열려 있는 인터넷 공간에 다양한 방면의 새로운 지식이 쌓이면서, 많은 사람에게 좋은 참고 자료가 되고 있답니다.

하지만 인터넷의 진화가 항상 밝은 미래를 보장하지는 않아요. 모든 것에는 빛과 그림자가 있듯이, 인터넷도 마찬가지예요. 누구나 정보를 만들어 올릴 수 있게 되면서 가짜 뉴스, 음란물, 불법 저작물같이 걸러 내야 할 정보의 양도 점점 늘어나고 있어요. 그래서 인터넷을 이용할 때는 자신에게 필요한 정보만 똑똑하게 찾아내야 해요. 아무 정보나 덥석 받아들이지 말고, 믿을 만한 정보인지 반드시 출처를 따져 보고 이용하는 습관도 정말 중요해요.

프로메테우스의 불처럼

공부하든 게임을 하든 쇼핑을 하든, 우리는 늘 인터넷과 함께 살고 있어요. 그러다 보니 인터넷의 부작용도 점점 커지고 있지요. 대표적인 사례가 바로 인터넷 중독과 의존이에요. 특히 청소

년들의 인터넷 중독이 심각한데, 초등학생도 예외는 아니에요. 여성가족부가 매년 실시하는 전국 청소년 인터넷·스마트폰 진단 조사에 따르면, 초등 4학년의 인터넷 중독 위험 학생 수가 꾸준히 늘고 있다고 해요. 인터넷 또는 스마트폰에 지나치게 빠져들어 일상생활에서 금단 현상을 보이거나 자기 조절에 어려움을 겪는 학생이 무려 5만 명이 넘는다는 거예요.

인터넷에서 악성 댓글을 달거나 상대방의 가족을 욕하는 일명 '패드립'을 하는 것도 큰 문제예요. 인터넷 커뮤니티나 기사 댓글을 보면 사람을 벌레에 비유하거나 사회적 약자를 비하하는 말을 하는 등 혐오스러운 표현이 넘쳐 나요. 사이버 세계에서 일어나는 언어폭력은 매우 위험한 수준이에요. 실제로 사람의 인격을 깎아내리고 조롱하거나 악의적인 헛소문을 퍼뜨리는 악성 댓글 때문

에 괴로워하다 죽음에 이른 연예인과 일반인의 사례도 많아요.

하지만 부작용이 있다고 해서 인터넷을 안 할 수는 없어요. 인터넷은 어떤 미디어보다도 쉽고 편리하며, 이미 우리의 일상 속으로 깊게 파고들었으니까요. 이제 인터넷 없는 현대인의 삶을 상상하는 것은 불가능할 정도예요. 그럼 어떻게 해야 할까요? 이 똑똑한 문명의 도구를 어떻게 다룰지는 각자의 선택에 달려 있답니다.

그리스 로마 신화에는 인간들에게 불을 선물한 프로메테우스가 등장해요. 인간들은 그 불로 문명을 발전시켰지만, 한편으로는 불의 힘을 이용해 전쟁을 일으키기도 하지요. 인터넷이라는 새로운 불을 선물 받은 여러분 역시 그 불을 어떻게 사용할 것인지 계속해서 고민해야 해요. 똑똑하게 사용하면 램프의 요정 지니처럼 나를 어디로든 데려다주겠지만, 잘못 사용했다가는 나를 불태울 수도 있으니까요.

 더 생각해 보기

인터넷에 접속해 어떤 사이트에 들어간다는 것은 마치 방문을 열고 새로운 방으로 들어가는 것과 비슷해요. 어떤 방문은 그냥 열리지만, 어떤 방은 아이디와 비밀번호가 있어야만 들어갈 수 있답니다. 사이트를 여는 나만의 아이디와 비밀번호를 만들어 볼까요?

1. 아이디는 로그인하는 데 필요한 정보이고, 닉네임은 로그인한 뒤 나에게 새롭게 부여하는 이름을 뜻해요. 나의 인터넷 사이트 아이디나 닉네임을 적고, 어떤 뜻이 담겨 있는지 설명해 보세요.

 아이디나 닉네임

 담겨 있는 뜻

2. 보안성이 높은 비밀번호를 만들어 볼까요?

(1) 내가 기억하기 쉬운 단어를 떠올려 적어 보세요.

예) 복숭아, BTS, 짱구 등등

(2) 내가 좋아하는 숫자를 떠올려 적어 보세요.

☆ 한 자리 숫자보다는 3~4자리 숫자가 좋아요.
☆ 생년월일, 전화번호, 집 주소와 관련된 숫자는 제외하기로 해요.

(3) 내가 좋아하는 특수 기호를 떠올려 적어 보세요.

예) !, @, #, $, %, ^, &, *, (,)

(4) (1) ~ (3)에서 떠올린 단어, 숫자, 특수 기호를 아래처럼 다양한 방법으로 섞어서 나만의 비밀번호를 완성해 보세요.

예)

단어	숫자	특수 기호
복숭아	536	%!

완성된 비밀번호 : 복숭아536%!

<방법1>

숫자	특수 기호	단어

완성된 비밀번호 :

✏️ 위의 두 방법을 참고해서, 나만의 방법으로 비밀번호를 만들어 보세요.

완성된 비밀번호 :

3. 인터넷 악성 댓글에 관한 공익 광고를 보고, 물음에 답해 보세요.

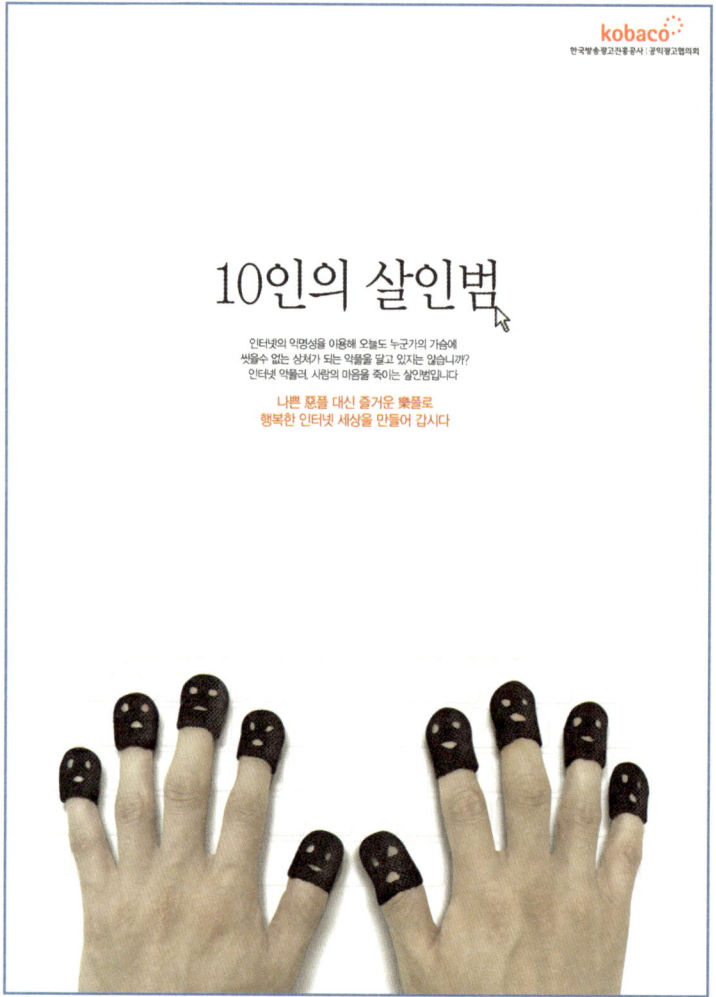

(1) 광고에서 복면을 쓴 손가락이 나타내는 것은 무엇일까요?

_____

(2) 뉴스나 주변에서 악성 댓글에 관한 사건을 접한 적이 있나요? 또는 내가 인터넷을 사용하면서 경험했던 악성 댓글에 관한 이야기를 나눠 보세요.

_____

_____

(3) 사람들은 왜 악성 댓글을 남길까요?

_____

_____

(4) 인터넷에서 나를 공격하거나 다른 사람을 공격하는 악성 댓글을 보면 어떻게 해야 할까요? 친구들과 이야기를 나누면서 가장 효과적인 방법을 찾아보세요.

_____

_____

7
어디까지 말하고 어디까지 공유할까
SNS

오늘 황당한 뉴스를 봤다. 이집트의 피라미드가 SNS 인증 샷을 찍는 사람들 때문에 훼손되고 있다는 뉴스였다. SNS를 보면 멋진 곳에서 인증 샷을 찍은 사진들이 참 많다. 보면서 멋지다는 생각만 했는데, 오늘 뉴스를 보니 기가 막혔다. 어떻게 세계적인 문화유산을 망치면서까지 인증 샷을 찍을 생각을 할까? 자칫 잘못하면 높은 곳에서 떨어질 수도 있는데, 무섭지도 않나? SNS에만 빠져 있는 사람들이 정말 많은가 보다. 나도 SNS를 하지만, 저런 사람들을 보면 그 말이 정말 맞는 말 같다. SNS는 '소셜네트워크서비스'가 아니라 '시간낭비서비스'의 줄임말이라고!

#도대체SNS가뭐길래! #인증샷조심

 오늘도 SNS 했나요?

요즘은 온라인에서 가진 만남이 오프라인으로도 이어지는 세상이에요. 그만큼 SNS는 우리의 일상 속에 깊숙이 자리 잡았지요. 여러분도 친구들과 SNS로 대화를 나눠 본 적이 있을 거예요. 친구와 멀리 떨어져 있거나 만나지 못해도 소식이나 정보를 빠르게 주고받을 수 있어서 참 편리하지요. 하지만 SNS 때문에 벌어지는 여러 가지 문제들을 보면, 계속 사용해도 될까 두려워지기도 해요. SNS는 과연 우리에게 어떤 영향을 줄까요?

SNS는 Social Network Service, 즉 '사회관계망서비스'의 줄임말이에요. 쉽게 말하면 '온라인으로 친구 맺기'라고 할 수 있지요.

실제로 SNS는 사람들과 가까워지고 싶은 바람에서 만들어졌어요. 우리나라에서는 1999년에 동창생을 찾는 '아이러브스쿨'이라는 사이트가 생겼어요. 그러다가 2000년대 말에 스마트폰용 메신저가 등장하면서 SNS 이용자가 폭발적으로 늘어났지요.

SNS의 매력은 다양한 사람들과 손쉽게 관계를 맺을 수 있다는 점이에요. 시간과 공간의 제약 없이 SNS로 사람들과 소통할 수 있지요. 카카오톡에서 친구와 이야기를 나눌 때는 그 친구와 같은 장소에 있을 필요가 없어요. 하고 싶은 말을 남겨 두면 친구가 나중에 읽고 답을 해 줄 수 있으니까요.

트위터의 '팔로잉', 페이스북의 '친구 맺기'처럼 SNS에서 누군가와 관계를 맺으면 그 관계를 통해 또 다른 사람과도 연결되어서 순식간에 친구 수가 늘어나기도 해요.

SNS의 종류에 따라 관계를 맺는 방식도 다양하고 나누는 이야기의 종류도 달라요. 대화할 때 글자 수에 제한이 있는 SNS도 있고, 주로 이미지나 짧은 동영상을 올리는 SNS도 있어요. 개인 정보나 전화번호를 알아야만 친구를 맺을 수 있는 폐쇄적인 SNS도 있고, 플랫폼에 속한 사람들과는 누구나 친구를 맺을 수 있는 개방적인 SNS도 있지요. 그러니 플랫폼에서 지원하는 기능과 상황에 맞게 SNS를 활용하는 지혜가 필요하답니다.

그런데 만 13세까지, 즉 초등학생은 사용할 수 없는 SNS도 많아요. 'SNS 사용에 나이 제한이 필요한가'에 대해 여전히 논쟁이 일고 있지요. SNS는 중독성이 강하고, 자극적이거나 폭력적인 콘텐츠 때문에 정신 건강에 나쁜 영향을 끼치기 쉬우니 나이 제한을 두어야

한다는 의견이 많아요. 하지만 소통의 중요한 매개체가 되는 SNS를 막는 것은 옳지 않으며, 사용을 제한하는 것이 아니라 나쁜 콘텐츠가 올라오지 못하도록 사회적으로나 법적으로 막아야 한다는 의견도 있어요. 여러분은 어떻게 생각하나요?

  SNS로 모르는 사람과도 쉽게 연결될 수 있기 때문에, 어린이를 보호하는 정책이 필요하다는 의견에는 많은 사람이 동의하고 있어요. 예를 들어 카카오톡은 가입에 나이 제한이 없지만, 위치정보서비스처럼 민감한 서비스는 어린이가 사용하지 못하도록 제한하고 있답니다.

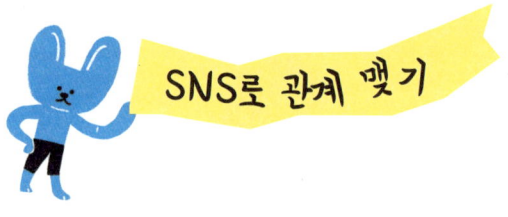

SNS로 관계 맺기

  SNS에서 관계를 맺는 사람들은 온라인에만 한정된 것이 아니라, 오프라인과도 연결되어 있어요. 같은 반 친구들과 멀리 떨어져 있어도 SNS를 통해 정보를 주고받거나 일상생활을 공유하면서 서로 관심사를 나누며 놀지요. 재밌는 사진을 보내기도 하고,

잡담하고, 모둠 숙제를 같이하면서 더욱 친해지기도 해요. 반면에 전날 학교에서 아무런 일이 없었는데, 그다음 날 등교해 보니 사이가 나빠진 친구들도 있어요. 방과 후에 SNS에서 놀다가 다툼이 일어나고, 그것이 오프라인에 영향을 미친 경우지요. 간단히 친구와 연결되는 SNS의 파급력이 매우 크다 보니, 친구 사이의 다툼을 금방 많은 사람이 알게 되기도 해요. 관련 없는 사람들까지 다툼에 대해 알게 되면서 작은 문제가 크게 번지기도 하고요. 그래서 SNS는 '사적이면서도 공적인 매체'라고 불린답니다.[5]

SNS를 통해 완전히 새로운 관계를 맺기도 해요. 게임, 책, 놀이, 아이돌 등 관심사가 맞는 사람들과 SNS로 친구 맺기를 하고,

함께 이야기를 나누며 친밀감을 쌓는 거예요. 그런데 SNS에는 문제점도 많아요. SNS로 친구를 괴롭히는 초등학생들이 해마다 늘어서 사회적인 문제가 되고 있어요. 공격하려는 대상을 대놓고, 또는 애매하게 저격해서 비꼬거나 욕하는 글이나 영상을 올리기도 하고, 단체 대화방에 초대해 놓고는 괴롭히려는 친구만 빼놓고 모두 나가 버려서 모욕감을 느끼게 하기도 하지요. 가짜 뉴스처럼 잘못된 정보가 빠르게 퍼져 나가 문제가 되기도 해요. 더 큰 문제는 개인 정보가 너무 쉽게 노출된다는 거예요. SNS는 개인의 얼굴이나 활동이 드러나기 때문에, 개인 정보가 새어 나가 무척 위험한 일이 벌어지기도 한답니다.

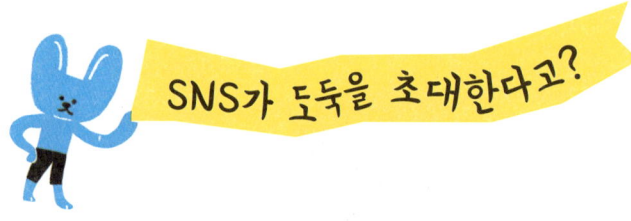

SNS가 도둑을 초대한다고?

여러분도 가족들과 여행을 하면서 SNS에 인증 사진을 남긴 경험이 있을 거예요. "여기는 인천공항, 드디어 ○○으로 가족 여행 출발!", "여기 ○○○인데 근처에 반려견 동반 가능한 맛집 없

을까요?" 등등 여행을 하며 멋진 풍경을 사진으로 찍고, 여행지에 관한 생각이나 의견을 SNS에 올리는 모습은 이제 우리에게 너무나 익숙한 풍경이에요.

그런데 SNS에 무심코 올린 한 장의 사진과 글이 우리 집에 도둑을 부르는 초대장이 될 수도 있다는 사실을 알고 있나요? 실제로 미국과 영국에서는 페이스북에 휴가 계획을 올린 사람들의 집만 골라서 도둑질을 한 범인이 잡혀 화제가 되었답니다.

스마트폰의 위치 정보 서비스는 낯선 여행지에서 길을 찾는 데 무척 유용해요. 하지만 내 위치 정보를 알 수 있는 사진을 SNS에 실시간으로 올리는 것은 위험천만한 일이에요. SNS에 공개한 정보는 내가 아는 사람들에게만 열려 있는 게 아니기 때문이지요.

SNS를 통한 개인 정보 유출은 심각한 사회 문제가 되고 있어요. 개인 정보를 이용한 범죄가 나날이 늘고 있기 때문이에요. 물론 이런 문제를 막기 위해 이미 2011년에 개인 정보를 보호하기 위한 법이 만들어졌어요. '개인정보보호법'은 당사자의 동의 없이 개인 정보를 수집 및 활용하거나 제3자에게 제공하는 것을 금지하는 법이에요. 여기에서 개인 정보란 어떤 사람에 대해 알아낼 수 있는 정보를 말해요. 주민 등록 번호, 전화번호, 주소뿐만 아니라 아이디와 비밀번호, 성적, 성격 테스트 결과, 습관, 취미 활동, 도서 대출 기록도 포함되지요.

하지만 법이라는 울타리가 있다고 해서 안심할 수는 없어요. 개인 정보 유출은 여전히 계속해서 일어나고 있기 때문이에요. 최근에는 한 남성이 배달 앱 고객 센터에서 헤어진 여자 친구의 집 주소를 알아내 찾아간 뒤, 여자 친구를 폭행한 죄로 체포되기도 했어요. 또 요즘은 인터넷 뱅킹, 모바일 뱅킹과 같이 온라인에서 금융 거래가 자주 이루어지는데, 계좌 번호나 신용 카드 번호가 새어 나가 큰 손해를 입을 수도 있답니다.

법으로도 피해를 막을 수 없다면 어떻게 해야 할까요? 사실 가장 안전한 방법은 우리가 스스로 미리미리 대비하고 조심하는 거예요. 그럼 어떻게 해야 개인 정보가 새 나가지 않도록 막을 수 있을까요? 다음은 개인정보보호 종합포털에 올라온 '개인 정보 오남용 피해 방지 10계명'이에요. 인터넷에서 개인 정보를 얼마나 잘 지키고 있는지 여러분도 한번 점검해 보세요.

개인 정보 오남용 피해 방지 10계명

1. 개인 정보 처리 방침 및 이용 약관 꼼꼼히 살피기
2. 비밀번호는 문자와 숫자를 섞어 8자리 이상으로 설정하기
3. 비밀번호는 주기적으로 변경하기
4. 주민 등록 번호 대신 I-PIN을 사용해 회원 가입하기
5. 명의 도용 확인 서비스를 이용하여 가입 정보 확인하기
6. 개인 정보는 친구에게도 알려 주지 않기
7. P2P 공유 폴더에 개인 정보 저장하지 않기
8. PC방에서 금융 거래 이용하지 않기
9. 출처가 불명확한 자료는 다운로드하지 않기
10. 개인 정보를 침해당하면 적극적으로 신고하기

특히 SNS에 올린 정보는 여러 사람에게 공개되기 때문에, 프로필이나 게시 글에는 최소한의 정보만 올려야 해요. 또한 전화번호나 이메일이 포함된 정보를 올릴 때는 정보를 볼 수 있는 범위를 좁게 설정하는 것이 좋아요. 또, 본인뿐 아니라 친구들의 사진이나 정보를 함부로 올리지 않도록 주의해야 해요.

에펠탑 야경 사진을 SNS에 올려도 될까?

에펠탑 야경 사진을 SNS에 올리면 저작권법에 걸린다는 사실을 알고 있나요? SNS는 이제 많은 사람이 자신의 개성을 표현하는 매체가 되었어요. 그런데 SNS로 공유하는 정보와 자료가 많아지면서, 저작권을 둘러싼 갈등과 분쟁 또한 늘어나고 있답니다.

저작권은 저작물을 보호하기 위해 만든 법률이에요. 저작권법 제2조 제1호에 따르면, 저작물은 '인간의 사상 또는 감정을 표현한 창작물'을 의미해요. 그렇다면 다음 중 저작권법에 위반되는 상황은 무엇일까요?

> ① 학교 방송부가 유료로 구입한 음악을 점심시간이나 청소 시간에 교내에서 틀어 주는 일
> ② 연극 공연을 휴대 전화로 촬영해 개인 블로그에 올리는 일
> ③ 유명 화가의 작품집을 스캐닝해 컴퓨터에 저장하는 일
> ④ 수업 시간에 발표 주제와 관련된 영상을 상영하는 일

알쏭달쏭하지요? 저작권법을 잘 모르면 법을 어긴 것인지 판단하기가 쉽지 않아요. 그럼 하나씩 살펴볼까요?

먼저 정상적으로 값을 내고 산 음악을 교내 방송에서 들려주는 일은 공연에 해당하는 일이기 때문에 저작권자의 허락을 따로 구하지 않아도 돼요. 그리고 수업에 필요한 저작물을 일부분 보여 주는 것도 저작권법 위반이 아니에요. 또 화가의 작품집은 저작권법으로 보호되지만, 스캐닝한 것을 공책에 붙이거나 파일로 보관하는 정도는 저작권 침해에 해당되지 않아요.

그러나 스캐닝한 파일을 인터넷에 올리거나 상업적으로 이용하는 것은 저작권 침해랍니다. 또한 공연장에서 공연 내용을 마음대로 촬영하여 인터넷에 올리는 것도 저작권 침해예요. 결국, 인터넷에 다른 사람의 저작물을 허락 없이 올리는 것은 모두 저작권을

위반하는 일이라고 할 수 있어요.

그렇다면 SNS에 내가 직접 찍은 사진이나 영상 말고는 아무것도 올릴 수 없는 걸까요? 그렇지 않아요. 사실 저작권 제도의 중요한 목적은 '문화의 향상과 발전'에 있어요. 지식은 인류 공동의 자산이므로 더 많이 공유될수록 가치가 높아지지요. 그래서 저작권법을 보완하기 위해 '정보 공유 라이선스[6]'가 등장했어요. 정보 공유 라이선스는 창작자들이 자신의 저작물에 대해 자유 이용의 범위를 정해서 알리고, 정보를 자유롭게 주고받을 수 있도록 북돋는 문화 운동의 결과로 탄생한 일종의 '자유이용허가서'예요. 순수한 공유나 개작, 영리 목적으로 이용 범위 단계를 나누지요. 저작자들이 자신의 권리를 포기하지 않으면서도 정보를 공유할 수 있는 좋은 방법이라고 할 수 있어요.

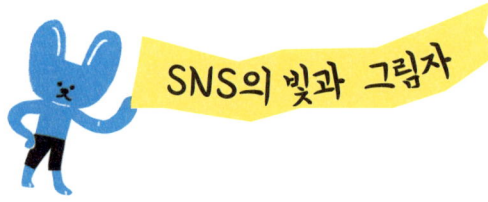

SNS의 빛과 그림자

많은 사람이 SNS를 자신을 표현하는 중요한 수단으로 활용하고 있어요. 프로필, 배경 사진, 상태 메시지를 통해 자신의 기분이나 알리고 싶은 사실을 표현할 수 있지요. 또한 아이돌, 만화, 게임 캐릭터 등 관심 있는 분야나 친구 관계를 보여 주는 이미지를 사용해서 개성을 드러내기도 해요.

누구나 자신을 표현할 때는 좋은 면을 드러내고 싶어 하지요. 그래서 SNS에서는 실제 자신과 다른 모습을 보여 주는 경우가 많아요. SNS에 올라온 사진 속에서 엄청나게 예쁘고 날씬한 사람이었는데 실제 모습은 정반대였다든지, 부유하고 근사해 보였던 집이 사실은 매우 낡고 지저분한 곳이었다는 에피소드는 더 이상 낯설지 않아요. 이것은 모두 온라인 공간에서 자신의 이미지를 멋지게 포장하고, 그 모습을 인정받고 싶은 욕구 때문에 일어난 일이에요. 그 욕구가 너무 크다 보니 이미지 보정이나 카메라 기술을 이용해 거짓을 만들어 낸 거죠.

정치적이거나 경제적인 이유로 허위 정보를 만들어 SNS를 통해 퍼뜨리기도 해요. 사람들은 SNS에서 믿을 만한 사람들과 연결되어 있다고 생각하기 때문에, SNS로 퍼지는 정보는 쉽게 믿는 경향이 있어요. 그리고 진실이든 아니든 정보들은 놀라운 속도로 빨리 퍼지지요. 이 특성을 정치적, 경제적으로 이용하는 집단이 있어 크게 문제가 되기도 했답니다.

디지털 시대에는 온라인 세상이 우리의 삶에서 차지하는 비중이 무척 커요. 이런 시대에 사람들이 서로 믿으며 살아갈 수 있으려면, SNS에 진실된 정보만 올리고 공유하려는 태도가 꼭 필요해요. 또 인터넷과 SNS로 주고받는 정보들이 거짓 정보인지 판단할 수 있는 능력을 갖추는 것도 중요하지요. 그런 능력을 갖추기 위해서 우리가 미디어에 관해 배우고 있는 거랍니다.

SNS는 사람과 사람 사이의 거리를 좁히지만, 때로는 그 때문에 알리고 싶지 않은 개인 정보들이 새 나가기도 해요. 자극적이고 폭력적인 표현이 넘쳐 나기도 하지요. 하지만 어두운 모습이 있다고 해서 모든 것을 부정적으로 볼 필요는 없어요. 어두운 모습은 현명하게 바꾸어 나가고, 상대와 의견을 나누는 과정에서 서로를 배려하는 문화를 만든다면, SNS는 멋진 소통의 도구가 될 거예요.

더 생각해 보기

우리가 SNS에 올리는 글에는 생각보다 많은 개인 정보가 포함되어 있어요. 이름과 집 주소뿐 아니라 다른 정보와 합쳐져서 특정한 사람을 알아낼 수 있는 정보들도 개인 정보에 포함되지요. 개인 정보가 어떤 것인지 더욱 자세히 알아볼까요?

1. 반 친구 한 명을 정해서, 그 친구에 관한 정보를 찾아 적어 보세요. 그리고 짝꿍에게 정보를 한 개씩 알려 주며 어떤 친구인지 맞히는 게임을 해 보세요.

    1.

    2.

    3.

    4.

    5.

    6.

    7.

    8.

2. '이름'은 나를 쉽게 찾을 수 있는 중요한 정보예요. '집 주소'도 마찬가지이고요. '내가 다니는 학교', '내가 좋아하는 음식' 말고 나와 관련된 정보에는 또 무엇이 있을지 생각해서 써 보세요.

3. 나의 SNS 게시글을 살펴보고, 나를 바로 알 수 있는 정보와 다른 정보가 있어야 나를 알 수 있는 정보를 찾아 분류해 보세요.

SNS에 남긴 나에 관한 정보	나를 알 수 있는 정보	다른 정보와 합쳐서 나를 알 수 있는 정보
이름	O	X
나이	X	O
집 주소		

4. SNS로 소통하다 보면 오해가 생기기도 해요. 오해가 일어난 예들을 살펴보고, 질문에 답해 보세요.

지워지지 않는 SNS 메시지
지은이에게만 한 비밀 이야기를 지은이가 혜나에게 보여 줘서, 혜나랑 사이가 어색해졌어요.

모든 사람이 볼 수 있어요
SNS에 서운한 티를 냈는데, 그 일과 상관없는 친구가 자기에게 한 말인 줄 알고 오해했어요.

빨리빨리 퍼지는 SNS
재미있는 가발을 쓰고 찍은 친구 사진을 SNS에 올렸다가, 친구가 싫어해서 금방 삭제했어요. 다음 날 학교에 가니 그 사진을 본 친구들이 너무 많아서 놀랐어요.

메시지를 확인했는지 알 수 있어요
친구에게 메시지가 와서 대화방에 들어간 순간, 부모님이 부르셔서 폰을 놓았어요. 제가 메시지를 본 걸로 나오니까 자기 말을 무시한다고 생각한 친구와 싸운 적이 있어요.

(1) 나에게도 이와 비슷한 일이 있었는지 친구와 이야기해 보세요.

(2) SNS를 할 때 오해가 생기지 않으려면 어떤 약속을 해야 할까요? 친구 사이를 가깝게 할 수 있는 SNS 사용 약속을 만들어 보세요.

8
영상으로 연결되는 우리

유튜브

드디어 나에게도 꿈이 생겼다. 바로 먹방 크리에이터! 엄마에게 말했더니 한번 해 보라고 하셨다. 단, 재료 준비부터 뒤처리까지 모두 내가 해야 한단다. 유명한 먹방 크리에이터들은 다 직접 만들어 먹는다고 했다. 게다가 잘 먹는 사람들은 이미 너무 많아서, 먹기만 해서는 구독자 한 명 만들기도 힘들 거란다.

하긴, 저번에 희수도 영상을 찍어서 올렸는데, 구독자가 0명이라 충격을 심하게 받은 눈치였다. 엄마 말로는 먹방을 하다가 죽은 유튜버도 있다던데, 웃어야 할지 울어야 할지 모르겠다!

#먹방크리에이터도전 #구독추천은필수!

유튜브는 구글이 운영하는 동영상 공유 서비스의 이름이에요. 당신(You)과 텔레비전(Tube)이라는 단어를 합성해 만들었지요. '당신의 텔레비전'이라는 이름처럼, 유튜브는 누구에게나 열려 있는 인터넷 동영상 플랫폼이에요. 사용자가 업로드한 동영상을 전 세계 사람들이 시청하고, 링크를 통해 공유할 수 있는 플랫폼이지요. 인터넷 방송이 활성화되면서, 평범한 사용자들이 유튜브에 자신의 콘텐츠를 올리며 많은 사람과 공유하고 있어요.

유튜브와 같은 스트리밍 동영상 플랫폼이 등장한 것은 2006년으로, 그리 오래되지 않았어요. 그럼 그전에는 어떻게 동영상을 봤을까요? 과거에는 동영상을 보려면 컴퓨터에 파일을 다운로드해야 했어요. 예를 들어 영화 한 편을 보려면 전날 밤 다운로드를 시작해야 다음 날 아침에 볼 수 있었지요. 그런데 유튜브와 같은 스트리밍 동영상 기술이 개발되면서 누구나 쉽게 비디오 동영상을 공유할 수 있게 되었어요.

유튜브는 2020년 현재 전 세계인들이 가장 즐겨 찾는 동영상 사이트예요. 유튜브의 조사로는 매달 무려 약 19억 명의 인구가 유튜브 서비스를 이용하고 있다고 하니, 정말 대단하지요? 유튜브 사용이 차단된 중국 인구를 제외하면 전 세계 인구의 3분의 1 이상이 유튜브를 이용하고 있는 거예요.

이처럼 많은 사람이 유튜브를 즐겨 찾는 이유는 뭘까요? 그건 유튜브에 다양한 볼거리가 넘쳐 나기 때문이에

요. 여러분도 유튜브에서 즐겨 찾는 콘텐츠가 있을 거예요. 음악, 춤, 장난감 소개, 먹방, 게임, 스포츠, 요리, 미용 관련 채널은 유튜브의 대표 콘텐츠들이지요. 그 밖에도 IT 제품이나 화장품, 자동차 같은 제품을 소개하거나 이미 방영된 드라마나 영화의 짧은 클립 영상, 여행이나 일상생활 소개 등 수많은 콘텐츠가 있어요. 이제는 유튜브에서 다루지 않는 콘텐츠가 거의 없을 정도예요.

혹시 유튜브 영상에 달린 댓글을 본 적이 있나요? 유명한 유튜버의 영상 아래에서는 세계 각국의 사람들이 댓글로 소통하고 있어요. 국경이 없는 유튜브에서 우리는 세계 누구와도 소통할 수 있지요. 방탄소년단, 블랙핑크와 같은 케이 팝 아이돌의 성공은 이런 특성을 적극적으로 활용한 결과이기도 해요. 전 세계 팬들과 유튜브를 통해 적극적으로 소통하며 더욱 인기를 모았으니까요. 또한 유튜브에서 인기 있는 채널들은 음악, 춤, 먹방, 게임 등 언어의 차이가 크게 영향을 미치지 않는 주제를 다루고 있답니다.

한편 유튜브에는 흥미와 재미 위주의 영상만 있다고 생각하기 쉬운데, 그렇지 않아요. 유튜브는 즐거운 배움의 장이 되기도 해요. 예를 들면 음악과 춤을 듣고 보기만 하는 것이 아니라, 노래를 부르는 방법이나 다양한 악기를 연주하고 춤을 추는 법을 배우려는 목적에서 유튜브를 활용하는 사람들도 많아요. 유튜브는 훌륭

한 학습 도구이기도 해요. 요리, 운동, 수납같이 우리가 생활하는 데 필요한 일상적인 지식은 물론이고 사회, 문화, 철학, 과학 등 학문적인 지식도 유튜브 영상을 보며 무료로 배울 수 있으니까요.

내 꿈은 '크리에이터'

여러분도 혹시 유튜버를 꿈꾸나요? 최근 미국의 여론 조사 기관에 따르면, 전 세계 어린이들의 장래 희망 1순위로 '유튜버'가 꼽혔다고 해요. 우리나라에서도 초등학생 희망 직업 순위 10위 안에 유튜버가 등장했지요. 인터넷을 통해 누구나 방송을 할 수 있는 1인 미디어 시대가 열리면서, 유튜버 같은 인터넷 방송 진행자를 꿈꾸는 친구들이 정말 많아졌어요.

텔레비전 방송에서는 진행자를 아나운서라고 불러요. 그럼 인터넷 방송 진행자는 뭐라고 부를까요? 아프리카TV에서는 방송 진행자를 'BJ'라고 해요. 말 그대로 '방송 진행자'라는 뜻이지요. 그밖에도 웹 자키, 크루, 하우스메이트, 크리에이터 등 여러 호칭

이 있어요. 이 중에서 가장 널리 쓰이는 호칭은 창작자라는 뜻의 '크리에이터'예요. 동영상을 만들기도 하고, 그 동영상을 보는 구독자들과 함께 소통하는 공간을 만들기도 하는 크리에이터는 오늘날 하나의 직업으로 자리 잡았어요.

인터넷 방송 창작자인 크리에이터는 본인의 생각과 함께 시청자의 관심과 요구도 중요하게 생각해요. 그래서 자신의 콘텐츠로 시청자와 실시간으로 대화를 나누며 공감대를 쌓지요. 그러니 1인 방송은 창작자와 시청자가 함께 만들어 나간다고 할 수 있어요.

유튜버를 꿈꾸는 사람들

오늘날에는 유튜브를 통해 평범한 사람도 자신만의 콘텐츠를 내세워 스타가 될 수 있어요. 누구나 유튜브에 영상을 올릴 수 있기 때문에, 텔레비전 방송에 나가기 어려운 사람이나 내용이 등장해도 방송이 가능하고, 또 그걸 이용해 스타가 될 수 있지요. 예를 들어 초통령으로 유명한 '도티'는 아프리카TV에서 게임 방송을 하다가 유튜브로 플랫폼을 옮겨 초등학생용 게임 방송을 하면서 유명해졌어요.

유튜브 유명 크리에이터의 인기는 연예인 못지않아요. 그리고 인기는 수입과 연결돼요. 사람들은 크리에이터의 방송을 보고 나서 마음에 들면 '구독'을 눌러요. 구독하는 시청자 수가 늘수록 크리에이터의 수입도 늘어나지요. 맞춤 광고나 구독자들이 제공하는 아이템을 통해서도 돈을 벌 수 있어요.

그런데 이런 구조 때문에 내용보다 시청률에 더 집착하는 크리에이터들이 생기면서 문제가 되고 있어요. 시청자 수를 늘리기 위해 폭력적이거나 자극적인 장면을 내보내기도 하고, 방송 중에 심

한 욕설을 내뱉거나 특정인을 비하하는 말을 하기도 해요. 또한 다른 SNS에서처럼 유튜브에서도 허위 정보를 퍼뜨려서 사회적으로 큰 문제가 되고 있답니다.

유튜브로 돈을 많이 벌거나 스타가 되기를 원하는 크리에이터들만 있는 것은 아니에요. 유튜브는 1인 미디어라서 방송사와 같은 대중 미디어가 내지 못하는 목소리를 담을 수 있어요. 유튜브를 통해 자신만의 이야기를 전하려는 사람들도 많답니다. 장애인이나 그들의 가족이 크리에이터로서 유튜브를 활용하는 것처럼요.

'함박TV'는 심각한 신체장애를 입게 된 마술사 아저씨의 유튜브 채널이에요. 이 채널에서는 영상을 통해 대중교통을 이용하는 장애인과 유모차를 끄는 부모님들이 좀 더 편하게 지하철 환승을 할 수 있는 방법을 알려 준답니다. 또, '굴러라 구르님'은 휠체어를 타고 다니는 평범하면서도 특별한 10대의 모습과 학교생활을 영상에 담아 유튜브에 올리기도 했어요. 발달 장애가 있는 동생을 위해 유튜브를 개설한 장애인 가족도 있답니다. 장혜영 영화감독은 시설에서 살던 동생이 사회 속에서 가족이나 친구들과 자연스럽게 어우러지며 함께 살아가는 모습을 보여 주고자 '생각많은 둘째언니'라는 유튜브 채널을 개설하고, 거기에 올린 영상을 〈어른이 되면〉이라는 다큐멘터리 영화로도 만들었어요.

이와 같은 유튜브 채널에서 크리에이터들은 다양한 사람들과 어울리며 자신의 속도대로 나아가는 삶을 있는 그대로 보여 줘요. 이들의 영상 속에서 장애인은 결코 동정받아야 할 대상으로 보이지 않으며, 장애란 극복해야 하는 것이 아닌 수많은 삶의 조건 가운데 하나로 느껴진답니다. 물론 영상을 통해 장애인과 장애인 가족이 살아가기에 우리 사회가 얼마나 힘든 곳인지도 알 수 있지요. 이처럼 유튜브는 사회의 소수자에 대한 고정관념과 편견을 깨는 역할을 할 수 있어요.

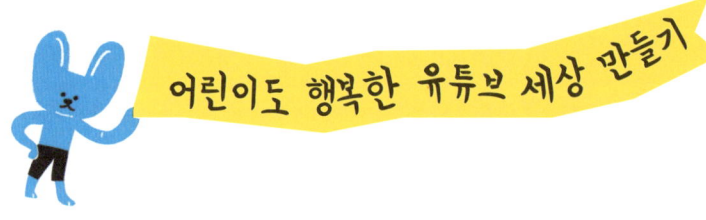

어린이도 행복한 유튜브 세상 만들기

유튜브에는 국경뿐 아니라 나이 제한도 없기 때문에, 어린이들이 영상을 만들거나 영상에 등장하기도 해요. 그런데 2017년에 한 유명한 키즈 유튜브 채널 운영자 2명이 아동 학대 혐의로 고소되어 유죄 판결을 받은 일이 있어요. 당시 다섯 살이었던 어린이에게 잠든 아빠의 지갑에서 몰래 돈을 훔치게 하고, 그 영상을 찍어 유튜브에 올렸던 거예요. 게다가 자동차 도로에서 아이에게 장난감 자동차를 운전하게 하고 그 모습을 영상으로 찍기도 했답니다. 국제 아동 구호 단체인 '세이브더칠드런'에서는 영상에 나온 어린이뿐 아니라 영상을 본 어린이 시청자도 정서적인 학대를 받았다며 채널 운영자인 부모를 고발했어요. 부모는 아이와 놀아 주는 상황을 자연스럽게 촬영한 것이라고 해명했지만, 결국 법원은 부모가 아동 학대 행위를 했다고 판결했답니다. 아이를 보호해야 할 부모가 어린이에게 위험한 행동을 시키고, 도덕적인 인성을 형성할 나이인 어린이에게 절도와 같은 비도덕적인 행동을 시킨 것은 정서 발달을 해치는 행위라고 보았던 거예요.[7] 이 사건은 어린

이 유튜브 채널에 대한 사회적인 관심을 불러일으킨 사건이었지만, 오늘날에도 어린이에게 무리한 행동을 시키는 유튜브 채널들이 있어 논란은 계속되고 있어요.

2019년에 유튜브는 아동이 등장하거나 아동을 대상으로 한 콘텐츠를 제공하는 유튜브 채널에는 개인 맞춤형 광고와 댓글을 달지 못하게 했어요. 그동안 일부 몰지각한 구독자가 다는 악성 댓글과 혐오 표현, 선정적인 표현들 때문에 어린이 유튜버들과 어린이 구독자들이 모두 상처를 입는 일이 많았어요. 그래서 어린이 채널에는 아예 댓글을 달지 못하게 만들었지요. 또한 어린이를 이용해서 돈을 벌려는 꿍꿍이를 막기 위해 개인 맞춤형 광고를 달지 못하게 한 거예요. 어린이가 즐겁고 행복하게 유튜브를 이용할 수 있도록 하기 위한 감시와 노력은 지금도 계속되고 있답니다.

내 유튜브 화면과 다른 엄마의 유튜브 화면

여러분이 보는 유튜브 화면과 엄마 스마트폰의 유튜브 화면이 다르다는 것을 알고 있나요? 같은 애플리케이션인데 왜 서로 다른 영상이 뜨는 걸까요? 그건 바로 개인에 따라 추천하는 영상이 다르기 때문이에요. 예를 들면 게임을 좋아하는 초등학생인 나의 유튜브 앱에는 게임 영상이 주로 떠요. 반면 밴드 음악을 좋아하는 엄마에게는 주로 비슷한 장르의 공연 영상이 뜨는 거예요.

유튜브뿐만 아니라 요즘 대부분의 인터넷 서비스들은 모두 개인 맞춤형 추천 콘텐츠를 제공하고 있어요. 이런 시스템에는 좋은 점과 나쁜 점이 모두 있어요. 인터넷에서 제공하는 정보는 어마어마하기 때문에 모든 정보를 다 보기는 힘들겠지요. 그래서 인터넷 서비스 제공 기업들은 개인이 좋아하고 자주 보는 것 위주로 정보를 보여 주는 방법을 선택했어요. 특히 스마트폰에는 개인의 기록이 온전히 담겨 있어서, 그 데이터를 활용해 개인에게 맞는 정보를 보여 주기가 쉽지요. 개인이 수많은 정보를 모두 보고 선택하는 수고를 덜어 준다는 점에서 개인 맞춤형 추천 서비스는 편리하다는 장점이 있어요.

그러나 사탕이 맛있다고 해서 사탕만 먹으면 이가 썩고 건강에 문제가 생기는 것처럼, 자신이 좋아하고 보고 싶은 콘텐츠만 보는 것은 건강한 사고를 하는 데 도움이 되지 않아요. 다양한 콘텐츠를 골고루 접해야 생각의 폭이 넓어지고 균형 있는 사고를 할 수

있는데, 개인 맞춤형 추천 콘텐츠는 다양한 정보를 접하지 못하도록 방해하기 때문이에요. 맞춤형 콘텐츠는 편리하지만, 늘 비슷한 콘텐츠만 접하다 보면 우리는 자신도 모르게 그것이 세상의 전부인 양 받아들이게 돼요. 그리고 나도 모르게 편견이나 고정 관념에 빠지기 쉽지요. 그렇다면 어떻게 해야 유튜브를 지혜롭게 이용할 수 있을까요?

유튜브를 현명하게 이용하는 방법

하나 유튜브 작동 원리에 관심을 가지고 '설명'을 요구하기

유튜브가 어떤 원리로 움직이는지 관심을 가지고, 우리에게 제공되는 콘텐츠들이 어떤 과정을 통해 전달되었는지 충분히 알 수 있도록 질문해야 해요. 사용자인 우리에게는 '설명을 요구할 수 있는 권리'가 있으니까요. 유튜브와 같은 인터넷 서비스들은 AI의 분석을 통해 개인 맞춤형 추천 정보를 우리에게 전달해요. 컴퓨터는 기계니까 사람보다 더 정확할 것 같지만, 그렇지 않답니다.

예를 들어 최근 유튜브에서는 어린이 채널에 댓글을 달지 못하도록 하고 있는데, 어린이 채널을 찾아내고 댓글을 쓰지 못하게 막는 역할을 AI가 하고 있어요. 그런데 최근 '주호민'이라는 웹툰 작가의 유튜브 채널을 어린이 채널로 인식해 댓글을 달 수 없도록 막는 바람에 문제가 된 적이 있었어요. 작가의 얼굴이 어린이의 얼굴 형태와 비슷해서 벌어진 일이지요. 이처럼 AI 알고리즘이 내린 판단이 잘못된 경우가 있지만, 왜 잘못되었는지는 잘 설명해 주지 않는답니다. 우리가 유튜브를 더욱 지혜롭게 사용하려면, 어떤 근거를 통해 사용자들에게 정보가 제공되는지 그 과정을 투명하게 알리도록 요구할 필요가 있어요.

둘 좋은 콘텐츠를 선택하고 만들기

유튜브를 비롯한 인터넷 방송은 기존의 방송이나 언론보다 규제가 약해서 표현이 자유로운 편이에요. 솔직한 표현은 사람들에게 신선한 자극과 웃음을 선사하지요. 그런데 이 점을 이용한 폭력적이거나 자극적인 콘텐츠들이 사회적으로 문제가 되고 있어요. 인터넷 공간에서는 모르는 사람들과 의견을 교환하는 경우가 많은데, 어떤 사람들은 자신과 의견이 다른 사람에게 심한 욕이나 혐오스러운 표현을 하며 화를 풀기도 해요. 그런 내용을 영상으로 만들어 인기를 얻으려는 유튜버들이 문제가 되고 있어요. 도가 지나친 행동이나 폭력적인 콘텐츠로 이목을 끌어 인기를 얻고자 하는 유튜버들도 많지요. 그런 영상들을 보면서 어느새 익숙해져 더욱 자극적인 콘텐츠를 찾거나, 영상을 따라 하는 사람들이 생긴다는 것도 큰 문제예요.

자유롭고 솔직한 표현도 좋지만, 적절한 선을 지켜 가며 좋은 콘텐츠를 제공하려는 창작자들의 노력이 필요해요. 유튜브처럼 콘텐츠를 제공하는 플랫폼 또한 해로운 콘텐츠가 마구잡이로 퍼지지 않도록 기준을 세워야 하겠지요. 콘텐츠를 받아들이는 우리가 좋은 콘텐츠를 잘 선택하는 것도 정말 중요해요. 다양한 채널 가운데 좋은 콘텐츠를 잘 알아보는 눈을 키우고, 나쁜 영향을 주는 콘텐츠는 걸러 보는 태도를 갖추는 것이 좋아요.

셋   허위 정보인지 아닌지 살펴보기

여러분은 유튜브 영상에 나오는 내용을 어디까지 믿고 받아들이나요? 유튜브처럼 영상으로 보여 주는 내용은 신문처럼 글자로 전하는 것보다 더욱 현실감 있게 다가와요. 그래서 자칫하면 모든 내용을 진짜인지 아닌지 따져 보지도 않고 그대로 받아들이기가 쉽지요. 특히 영상은 편집 기술에 따라 거짓을 진짜처럼 보이

게 할 수도 있어서 신중한 태도로 봐야 해요. 확실하지 않은 정보를 짜깁기해서 진실인 것처럼 알리는 영상도 있으니 더욱 조심해야 해요.

요즘에는 과학 기술의 발달로 가짜 정보를 가려내기가 더 힘들어졌어요. '딥페이크'라는 인공 지능을 이용한 영상 조작 기술이 대표적인 사례예요. 2018년 미국에서는 딥페이크를 이용한 가짜 영상이 화제가 된 일이 있었어요. 미국의 전직 대통령 '오바마'의 얼굴 영상에 AI로 만들어 낸 목소리를 입혀 가짜 영상을 만들었는데, 너무나 진짜처럼 보여서 본 사람들 모두 깜짝 놀랐다고 해요.[8]

가짜 정보에 휘둘리지 않으려면 어떻게 해야 할까요? 가장 중요한 것은 영상을 무조건 믿거나 하나의 정보만을 받아들이지 않으려는 자세예요. 내 유튜브 화면에 보이는 개인 맞춤형 정보만 믿지 말고, 특정 주제를 다루는 여러 채널을 살펴보거나 다양한 관점의 이야기를 찾아봐야 해요. 배경 지식을 공부하거나 확실한 사실을 찾아보는 것도 좋겠지요.

우리는 이제 얼마든지 거짓을 진실처럼 조작할 수 있는 세상에 살고 있어요. 따라서 어떤 사건이 발생했을 때, 단편적인 정보만을 사실로 받아들여서는 안 돼요. 어떤 정보든 쉽게 판단하지 말고, 시간을 두고 차분히 살펴보는 태도가 꼭 필요하답니다.

넷 유튜브 사용 일지 쓰기

스마트폰과 같은 디지털 미디어는 중독성이 강해요. 사용하다 보면 시간이 어떻게 흐르는지 모를 만큼 빠져들지요. 그리고 유튜브를 비롯한 인터넷 플랫폼의 맞춤 콘텐츠 추천 방식은 편리한 대신, 우리의 관심사를 한쪽으로 치우치게 만들어요.

우리는 하루의 생활을 돌아보려고 일기를 쓰곤 해요. 마찬가지로 우리의 미디어 생활을 돌아보기 위해 미디어 사용 일지를 써 보는 것이 좋아요. 자신이 어떤 콘텐츠를 어떤 플랫폼에서, 얼마나 보고 있는지 기록하다 보면 균형 잡힌 미디어 생활을 위해 무엇을 해야 할지 방법을 찾을 수 있을 거예요. 또한 자신이 미디어를 활용하며 배우고 느낀 점을 적어 보면, 스스로 미디어를 통해 무엇을 배우고 느끼는지도 알 수 있어요.

미디어를 잘 알고 이해하면 미디어의 세상 속에 스며드는 것이 아니라, 미디어를 손에 쥐고 잘 조절하면서 재미있고 유익하게 이용할 수 있을 거예요. 지금까지 살펴본 방법들을 이용하면서, 슬기로운 미디어 생활을 즐겨 보세요!

 더 생각해 보기

수많은 사람이 즐겨 보는 유튜브는 하나의 놀이 문화가 되었어요. 재미있고 도움이 되는 영상을 쏙쏙 골라 보고, 많은 사람과 즐겁게 소통하면서 유튜브를 즐긴다면 더욱 좋겠지요? 질문에 답하면서 유튜브를 제대로 활용할 수 있는 방법을 생각해 보세요.

1. 나와 가족, 친구가 좋아하는 유튜브 채널이 무엇인지 적어 보세요.

 내가 좋아하는 채널 이름

 부모님이 좋아하는 채널 이름

 우리 반 친구 (　　　　　)(이)가 좋아하는 채널 이름

2. 내가 즐겨 보는 유튜브 방송에 대해 정리해 보세요.

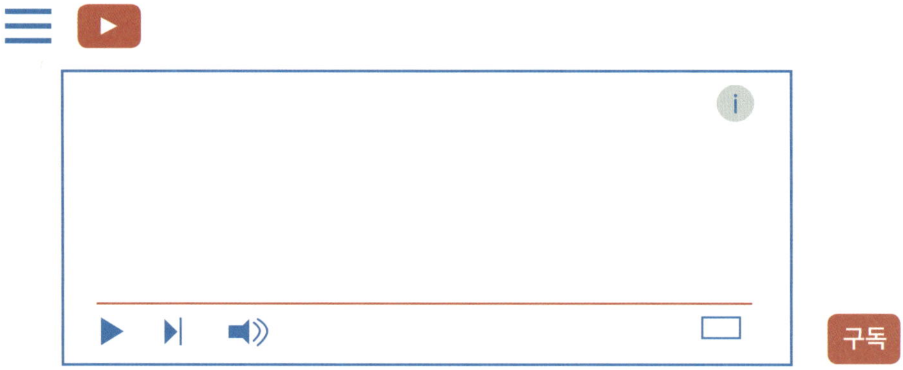

- 채널 이름
- 유튜버 이름

✏️ 내용

✏️ 유튜브 진행자의 특징

✏️ 자막의 특징

✏️ 내가 즐겨 보는 이유

3. 다음 이미지를 보고, 설명을 참고하여 질문에 답해 보세요.

'노란 딱지'라고 불리는 이 이미지는 유튜브에서 부적절하다고 판단한 영상에 붙이는 '광고 제한 또는 배제 아이콘'이에요. 유튜브는 '부적절한 언어나 폭력, 성인용 콘텐츠, 유해하거나 위험한 행위, 증오성 콘텐츠, 담배 관련 콘텐츠' 등등 광고주 비친화적 콘텐츠를 분류하는 11가지 기준을 게시했어요. 노란 딱지가 붙는다고 해서 영상이 삭제되는 것은 아니고, 노출이 덜 되거나 광고가 붙지 않는다고 해요.
문제는 노란 딱지를 붙이는 정확한 기준과 절차가 알려지지 않았다는 점이에요. 이 때문에 피해를 봤다고 이의를 제기하거나 노란 딱지 자체를 비판하는 목소리가 높아지고 있어요.

✏️ 여러분은 노란 딱지에 대해 어떻게 생각하나요?

🖊️ 나는 유튜브의 노란 딱지를 (찬성 , 반대)합니다.

왜냐하면,

4. 내가 유튜브 크리에이터가 된다고 상상해 볼까요?

✏️ 영상을 만들고 싶은 분야는 무엇인지 골라 표시해 보세요.

음악	뷰티	먹방	게임	요리	ASMR
동물	일상	그림	정치	영화 리뷰	리액션
댄스	상품 리뷰	패러디	실험	정보 제공	기타

✏️ 제일 처음 올리고 싶은 영상을 생각해 보고, 제목을 정해서 써 보세요.

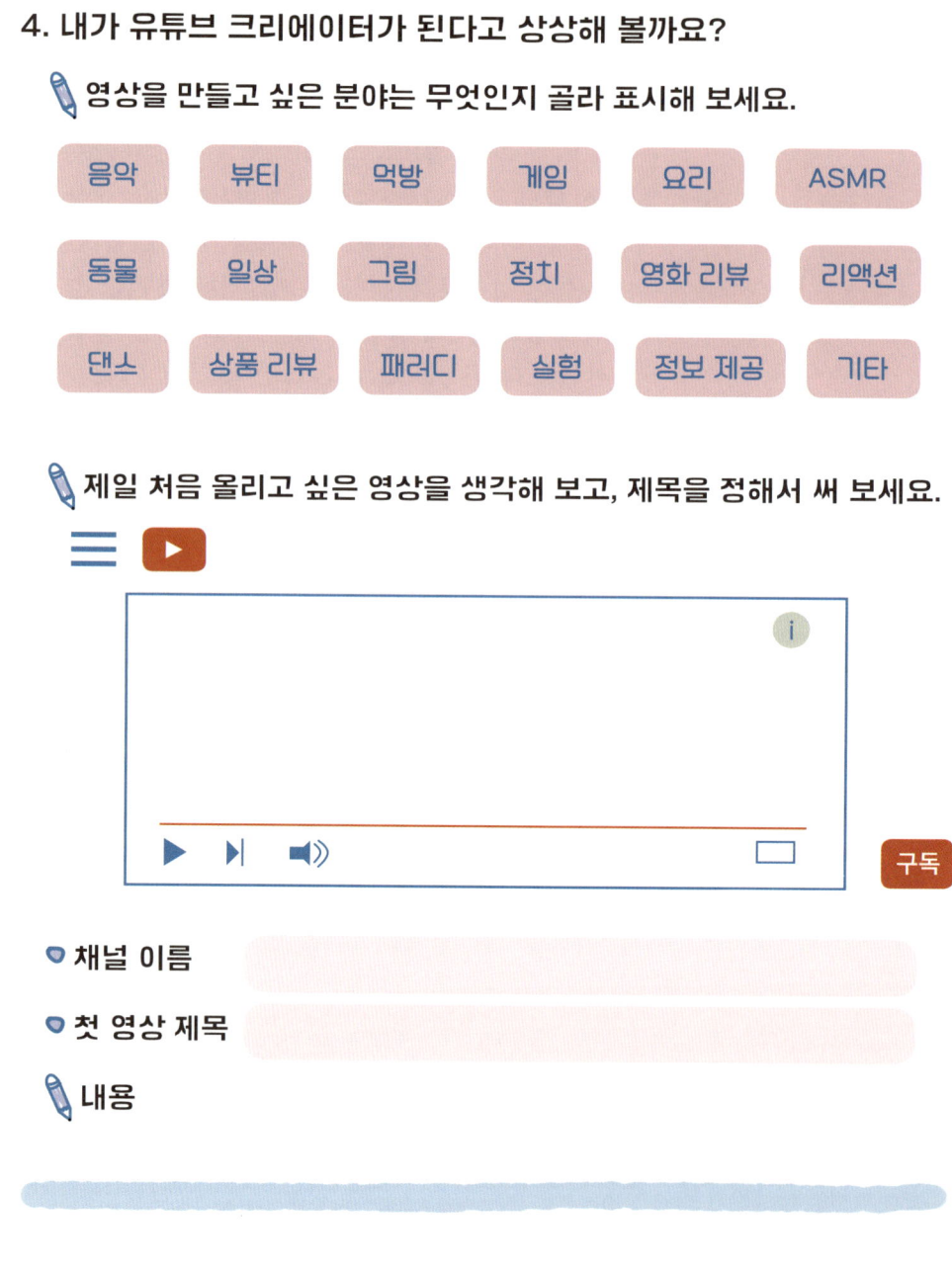

💧 채널 이름 _____

💧 첫 영상 제목 _____

✏️ 내용

_____

_____

출처

28쪽 1. 헥터 맥도날드, 『만들어진 진실』, 흐름출판, 2018, 17쪽
35쪽 2. 한국언론진흥재단, 『신문과 방송』 6월호(통권 570호), 2018, 57~58쪽
40쪽 3. 교육부, 「2015 개정 교육과정 교수·학습자료」, 2019, 105~120쪽
82쪽 네이버웹툰 / 마음의 소리 / 조석
네이버웹툰 / 신과 함께 / 주호민
네이버웹툰 / 치즈인더트랩 / 순끼
네이버웹툰 / 내 ID는 강남미인! / 기맹기
110쪽 4. 과학기술정보통신부·한국인터넷진흥원, 「2018 인터넷이용실태조사 요약보고서」, 2019, 9쪽
124쪽 한국방송광고진흥공사
133쪽 5. 정현선, 「SNS의 언어 현상과 소통 공간에 관한 국어교육적 고찰」, 『국어교육』 142호, 2013, 79~114쪽
140쪽 6. www.freeuse.or.kr
157쪽 7. 노정연 외, 유튜브 속 아이들, 괜찮은 걸까?, 〈경향신문〉, 2019. 8. 9
신다은, 세이브더칠드런 "유튜브 아동채널 운영자 2명 아동학대 혐의로 고발", 〈서울경제〉, 2017. 9. 14
164쪽 8. 김준래, 가짜 동영상 만드는 '딥페이크', 〈사이언스타임즈〉, 2018. 7. 26

참고문헌

구본권, 『뉴스, 믿어도 될까?』, 풀빛, 2018
권용선, 『읽는다는 것』, 너머학교, 2010
금준경, 『유튜브 쫌 아는 10대』, 풀빛, 2018
김재중, 『숨은 권력, 미디어』, 미래아이, 2017
정현선 외, 「초중등 교과서의 미디어 리터러시 단원 개발 연구」, 교육부, 2016
주창윤, 『영상 이미지의 구조』, 나남, 2003
주형일, 『이미지가 아직도 이미지로 보이니?』, 우리학교, 2015

어린이를 위한 슬기로운 미디어 생활

초판 1쇄 펴낸날 2020년 3월 13일
초판 4쇄 펴낸날 2021년 7월 20일

지은이 | 권혜령 김광희 송여주 오은영 이경혁 최은옥 홍완선
그린이 | 이희은
펴낸이 | 홍지연
총괄본부장 | 김영숙
편집장 | 고영완
책임편집 | 김선현
편집 | 소이언 정아름
디자인 | 남희정 박태연
마케팅 | 강점원 최은
관리 | 정상희
인쇄 | 에스제이 피앤비

펴낸곳 | ㈜우리학교
등록 | 제313-2009-26호(2009년 1월 5일)
주소 | 03992 서울시 마포구 동교로23길 32 2층
전화 | 02-6012-6094
팩스 | 02-6012-6092
홈페이지 | www.woorischool.co.kr
이메일 | woorischool@naver.com

ISBN 979-11-90337-26-7 73680

- 책값은 뒤표지에 적혀 있습니다.
- 잘못된 책은 구입한 곳에서 바꾸어 드립니다.
- 본문에 포함된 사진과 그림은 가능한 한 저작권과 출처 확인 과정을 거쳤습니다. 그 외 저작권에 관한 사항은 ㈜우리학교로 연락 주시기 바랍니다.